岐路にある
再生可能エネルギー

日本総合研究所
井熊 均／木通秀樹

エネルギーフォーラム

はじめに

世界は、いまだ化石燃料の上で動いている。

ロシアによるウクライナ侵攻で、われわれは、そのことを改めて思い知らされた。ロシアに対する経済制裁の返り血は予想を超えて広がっている。ポストコロナの経済回復期にあった欧米諸国は、ロシアへの経済制裁に伴う資源価格の高騰で経済を煽られ、出口の見えないインフレに陥っている。自由主義陣営をリードする立場にある米国がインフレ抑制、つまり、自国経済の回復を第一に掲げ、利上げに走ったことで世界経済は混乱している。日本円だけでなく、ユーロ、ポンド、中国人民元もドルに対して記録的な安値となっている。京都議定書からパリ協定を経て、世界中で脱炭素を推進してきたはずなのに、化石燃料の影響はこれほど大きい。

忘れかけていた化石燃料の猛威から逃れるため、各国は、エネルギーの国産化にひた走る。脱炭素の潮流もあり、国産化の切り札は、どこの国でも再生可能エネルギーだ。その選択は、間違っていない。重要なのは、再生可能エネルギーに傾倒する先に理想のエネルギーシステムが待っているわけではないという事実を知ることだ。ドイツで再生可能エネルギーの固定価格買取制度が導入されておよそ20年、日本で導入されてから約10年が経った。この間、再生可能エネルギーは、エネルギーの脱炭素化、国産化、新たなエネルギー産業の振興などに成果を上げたが、課題も見えてきた。本書で詳しく述べるが、再生可能エネルギーへの逆風の源になっているのは、皮肉にも環境・社会・ガバナンス（ESG）の世界的な潮流なのだ。

日本は、こうした再生可能エネルギーの負の側面が最も顕在化しやすい国のひとつである。大陸で生まれた大型の再生可能エネルギーを、日本の社会・自然環境に配慮なく導入すれば、再生可能エネルギーが座礁資産化するリスクすらあるからだ。

本書は、こうした認識に基づき、再生可能エネルギー事業のリスクと、日本の社会・自然環境に合った地域共生型再生可能エネルギー事業の重要性を訴えることを目的としている。

まず、第1章では、ロシアのウクライナ侵攻を契機に明らかになったエネルギーシステムの構造的な問題に焦点を当てる。そのうえで、第2章では、各国が目指しているエネルギーの国産化とは何かを詳説し、主要国が掲げる2050年の電源構成との比較により日本の置かれた立場を明らかにする。第3章では、主としてESGの観点から再生可能エネルギーを取り巻くリスクを分析する。それらを踏まえ、第4章では、大陸生まれの大型再生可能エネルギーを日本で一元的に普及することのリスクと、独特な社会・自然環境を有する日本に求められる地域共生型再生可能エネルギー事業の定義と事例を示す。

脱炭素とロシアのウクライナ侵攻の影響で、エネルギーの世界の構造が大きく変わるなか、日本が独自のエネルギーシステムを見いだすことに、本書がわずかでも貢献できれば筆者として望外の喜びである。

本書については、企画段階から株式会社エネルギーフォーラム出版部の山田衆三氏に大変お世話になった。この場を借りて心より御礼申し上げる。本書は、株式会社日本総合研究所の木通秀樹さんとの共著である。木通さんのエネルギーに関する深い知識と洞察がなければ、本書は刊行できなかった。この場を借りて心より御礼申し上げる。最後に、株式会社日本総合研究所をはじめ筆者のエネルギーに関わる活動をご支援してくださった方々に心より御礼申し上げる。

２０２３年１月

株式会社日本総合研究所　フェロー

井熊 均

岐路にある再生可能エネルギー　〔目次〕

第2章 世界が目指すエネルギー自立

第3章 再生可能エネルギーを取り巻く3つのリスク

第4章 座礁する再生可能エネルギーと発展する再生可能エネルギー　195

第1章

ロシアのウクライナ侵攻で露呈したエネルギーリスク

(1)世界を揺るがす化石燃料リスク

ウクライナ侵攻で揺らぐ世界経済

2022年2月24日、ロシアは、ウクライナに軍事侵攻を開始した。予想外の暴挙に世界が驚愕し、欧米諸国を中心に世界中の国々が一斉に批判の声を上げた。米国と欧米諸国は、即座に行動に出た。まず初めに講じたのは、ロシアに対する経済制裁だ。国際決済ネットワークSWIFT(スウィフト)から特定のロシアの銀行を除外する、ロシアの中央銀行の資産を凍結する、ロシアへの輸出を規制する、ロシアからの輸入を規制する、最恵国待遇を取り消すないしは撤回する、プーチン政権を支えるオリガルヒ(新興財閥)の資産を凍結するといった内容だ。ロシアに経済的な制裁を与えることで、戦争の資金源を締め付け、ロシア国内の経済をひっ迫させ、厭戦機運を励起することを狙ったものだ。長期的には、ロシアの国力低下も視野にある。

経済制裁自体は、珍しいことではない。グローバル市場での圧倒的な影響力を持つ欧米諸国は、イランや北朝鮮の核開発、あるいは中国の人権問題、軍事行動などがあるたびに経済力を背景とした制裁を行ってきた。経済制裁が有効なのは、経済制裁を与える欧米諸国が国際経済

（図１－１）世界の消費者物価指数の推移

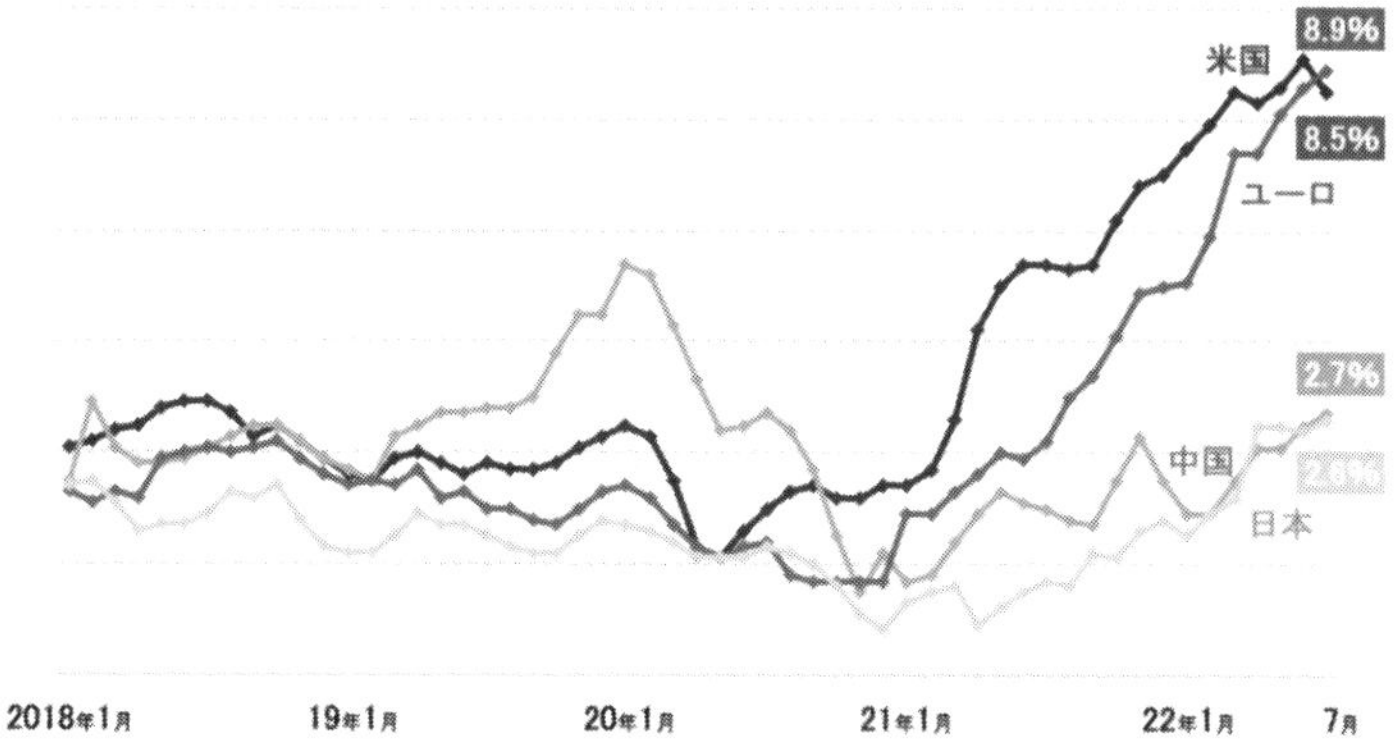

出所：業界動向サーチ

で圧倒的な影響力を持っているからだ。経済力の小さな国が経済制裁を行っても何の効果もない。

一方で、経済制裁は、グローバルな経済活動を部分的に制約するから、制裁を与える側も影響を受けざるを得ない。今回のロシアに対する経済制裁では、世界経済も物価高騰などの返り血を浴びることになった。米国や欧州連合（ＥＵ）では、消費者物価指数が10％前後まで高騰した。インフレは、２０２３年に向けて鎮静化するという見方もあるが、予想より長期にわたって高止まりする可能性もある。景気への影響もある。２０２２年５月に開かれた米国連邦公開市場委員会（ＦＯＭＣ）で連邦準備制度理事会（ＦＲＢ）は、０・５％の政策金利の引き上げと保有資産圧縮を決定した。それでも物価高騰は収まらず、同年６月16日、ＦＲＢは０・75％という異例の利上げに踏み切った。しかし高騰は収まらず、同年8月末、FRBパウエル議長は、金融引き締め策の継続を示唆した。世界最大の経済大国である米国の大幅な利上げは世界中の経済に影響を与えた。利上げは、石油や天然ガスの高騰と相まって世界の景気を押し下げている。

一方、巨額の公的債務を抱え利上げができない日本では、110円前後だった対ドルレートが150円に迫るまで下落した。食料、ガソリン、電気・ガス料金が高騰し、国民生活や産業活動への影響が顕在化している。一部の国では、物価高騰が社会不安につながりかねない状況となっている。

世界経済混乱の理由

ロシアのウクライナ侵攻が世界経済に大きな影響を与えた。理由は、いくつかある。

一つ目は、EUのフォンデアライエン欧州委員長が今回の経済制裁を「EUの歴史上最大の制裁措置」と呼んだように、制裁の内容がかつてなく厳しく広範囲にわたるものだったことだ。そうした規模の制裁を、経済的には大国といえなくなったとはいえ、国内総生産（GDP）で世界10位前後の経済規模があるロシアに課せば世界経済への影響は避けられない。

二つ目は、各国が新型コロナで制約されていた経済活動を再開しようとしていた矢先にロシアがウクライナに侵攻したことだ。2021年末あたりから各国は、新型コロナで傷んだ国内

（図１－２）世界の原油確認埋蔵量

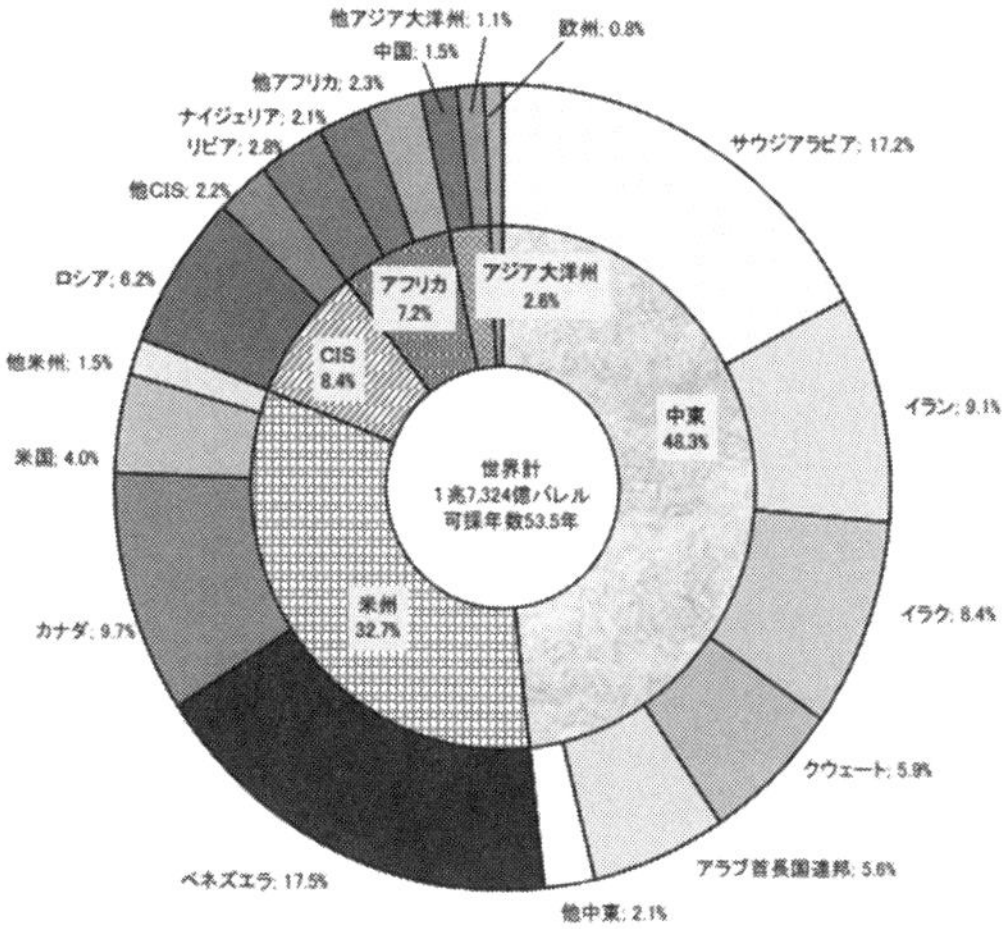

資料：BP「Statistical Review of World Energy 2021」を基に作成

出所：経済産業省資源エネルギー庁『エネルギー白書2022』

経済を回復させるために、新型コロナを抑え込むために実施していた規制を一気に緩和・解消した。その結果、多くの国でいわゆるリベンジ消費が起こり、需要が急増しインフレが懸念される状況に陥っていた。そこに前述した大規模な経済制裁による資源や食料価格の高騰が重なりインフレ率が押し上げられた。

三つ目は、ロシアが世界有数の資源大国であることだ。

石油では、ロシアの生産量は世界３位（２０２０年）だ。シェールオイルの開発で世界最大の産油国となった米国が同１位だが、ロシアの産油量は石油輸出国機構（ＯＰＥＣ）の盟主であるサウジアラビアに迫る。石油の埋蔵量で見るとロ

（図１－３）世界の原油生産動向

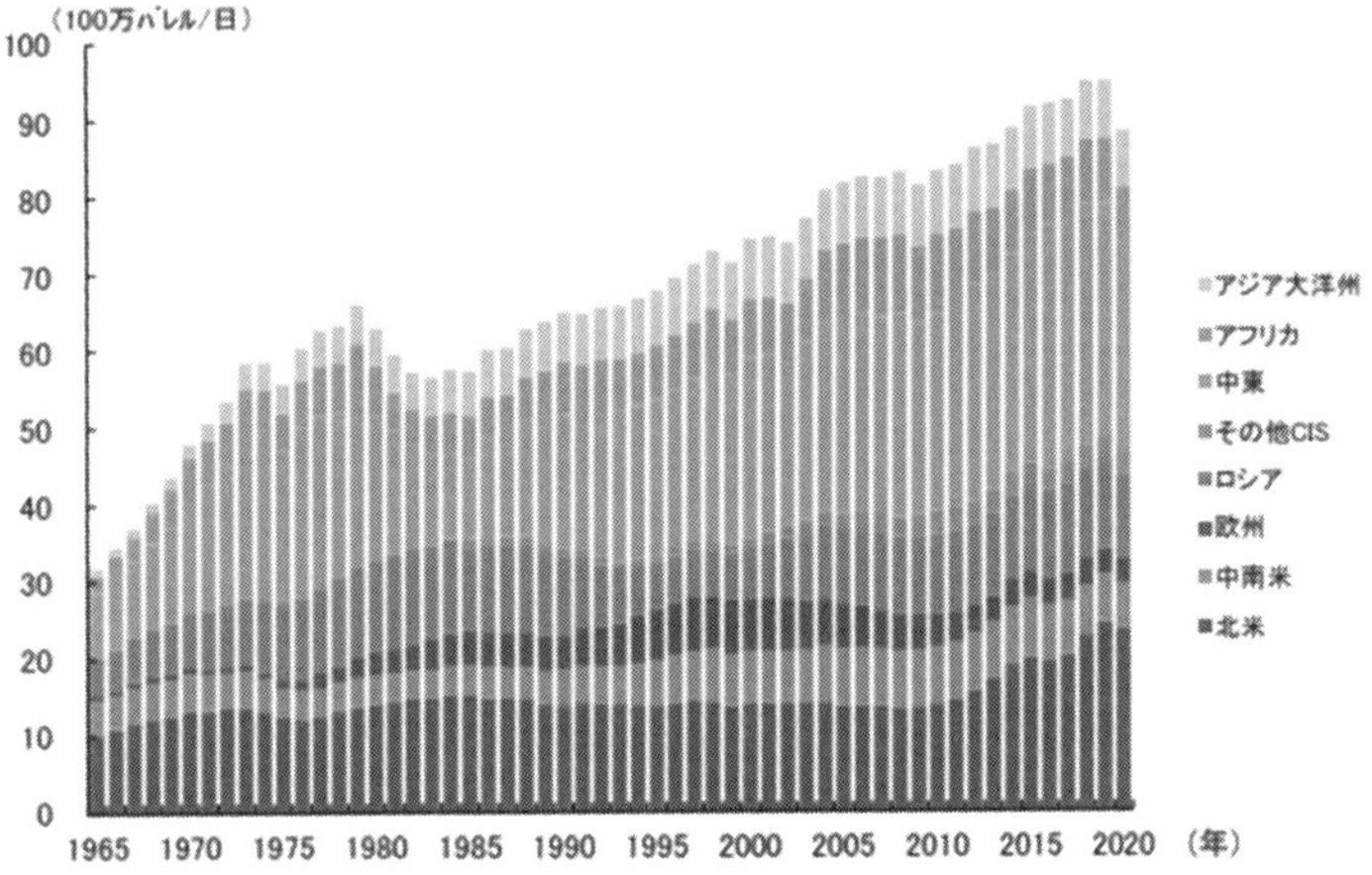

（注）1984年までのロシアには、その他旧ソ連邦諸国を含む。
資料：BP「Statistical Review of World Energy 2020」を基に作成

出所：経済産業省資源エネルギー庁『エネルギー白書2022』

シアは同6位程度まで落ちる。その国が圧倒的な石油埋蔵量を誇るサウジアラビアに近い石油を生産しているのは、エネルギーがロシアの戦略資源だからだ。巨額の資源を輸出することでロシアは、外貨を獲得できるだけでなく、資源消費国に対して政治的な影響力を高めることができる。経済力に対して過分な軍事力を支えているのも資源輸出である。資源は、ロシアが大国として振る舞うために欠かせない資源なのである。

脱ロシア依存を果たせなかったEU

　ロシアのウクライナ侵攻で石油以上に注視しなくてはいけないのは、天然ガス市場におけるロシアの影響力の高さだ。

（図１－４）地域別天然ガス生産量の推移

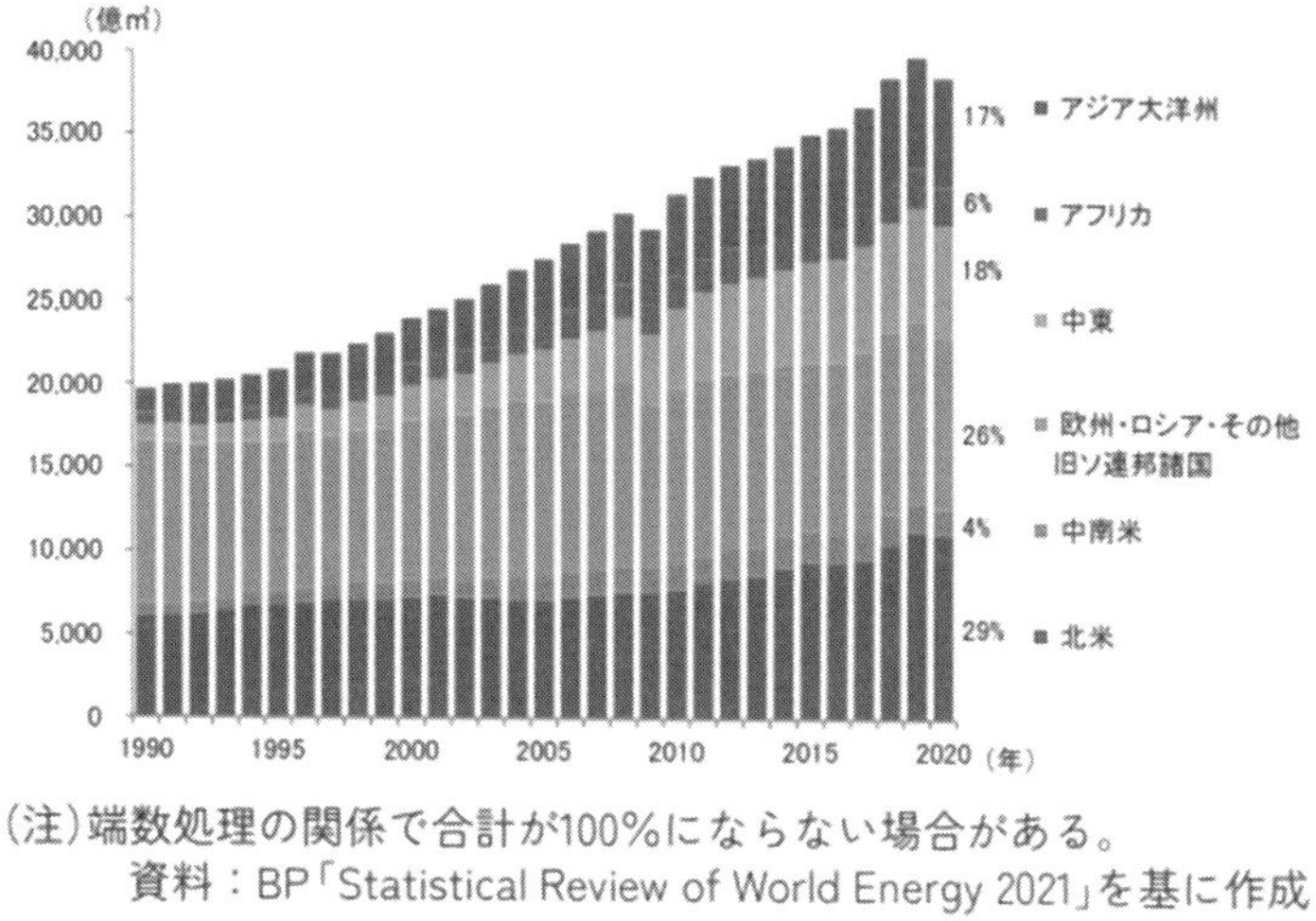

出所：経済産業省資源エネルギー庁『エネルギー白書2022』

ロシアの生産量は、シェールガス開発で世界最大の天然ガス生産国となった米国には劣るものの、ぶっちぎりの世界2位だ。その分、天然ガスのＥＵのロシア依存は石油以上だ。埋蔵量での地位はさらに高い。

ＥＵは、２０２２年3月、２０３０年までに天然ガスをはじめとするロシア産の化石燃料からの脱却を目指すとする政策を発表した。そのために、再生可能エネルギーの導入拡大、エネルギー供給の多様化、省エネに関する新たなアクションを図るとする。ＥＵは、ガス消費量の90%を輸入に頼り、ロシアからの輸入は、そのうちの45%を占めるとされる。石油や石炭についても、各々輸入量の27%、

（図１－５）地域別天然ガス埋蔵量

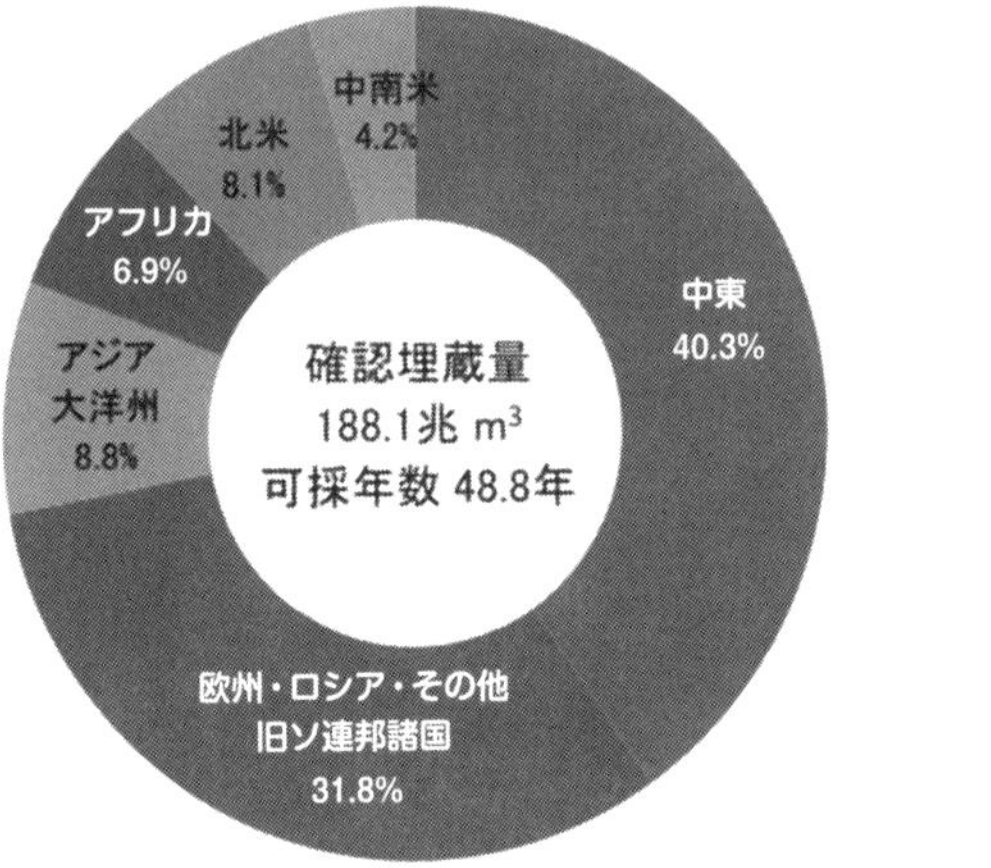

（注）端数処理の関係で合計が100%にならない場合がある。
資料：BP「Statistical Review of World Energy 2021」を基に作成

出所：経済産業省資源エネルギー庁『エネルギー白書2022』

46%をロシア産が占めている。これらを解消するのは至難の業だ。ドイツは、EUの脱炭素政策を先取りしてきた再生可能エネルギー先進国だが、ウクライナ侵攻の当初、ロシアからの天然ガスの輸入停止を公表することができなかった。ドイツほど再生可能エネルギーの導入が進んだ国でも化石燃料に頼らざるを得ない部分が大きかったからだ。ロシアのプーチン大統領は、こうしたEUの状況やエネルギーが世界経済に与える影響の大きさをよく理解している。

EUは、ロシアへの依存度を下げようと必死になっているが、実現に向けてはいくつも困難が立ちはだかる。

一つ目は、天然ガスは石油と比べても

特定地域、具体的には、米国、ロシア、中東への依存度が高いことだ。しかも、後述するように天然ガスの需要が世界的に急拡大している。こうした状況で世界の天然ガス生産でぶっちぎり2位のロシアからの輸入を中東などに振り替えるのは、容易なことではない。

二つ目は、EUの天然ガスの輸入の多くがパイプライン経由であることだ。EUがロシア以外の国から天然ガスを輸入するには、液化天然ガス（LNG）として輸入しなくてはならない。島国の日本は、すべての天然ガスがLNGとして輸入されているが、液化天然ガスのコスト構造は、天然ガス自体の価格、液化コスト、液化して輸送するコストが概ね1対1対1とされる。EUがLNGの輸入を拡大すると液化と輸送のコストが上乗せされるので、国民や企業が使うガスの価格上昇は避けられなくなる。

実際、天然ガスの価格高騰によりEUの電力料金は大きく上昇した。2019年対比で見ると、2022年3月段階で日本と米国の上昇率は1割程度だが、EUでは4割、なかでもイタリアの電力料金は8割近く上昇している。

三つ目は、天然ガスの利用を拡大してきたことだ。コンバインドサイクルを用いた天然ガス火力発電の二酸化炭素排出量は石炭火力発電の概ね半分だ。カーボンニュートラルを目指す2050年の主力電源には適さないが、2030年の目標達成に向けた石炭火力の代替にはなる。そうした理解から、多くの国が石炭火力からの脱却を強力に推進する代わりに、天然ガス

(図１－６)世界の主な天然ガス貿易

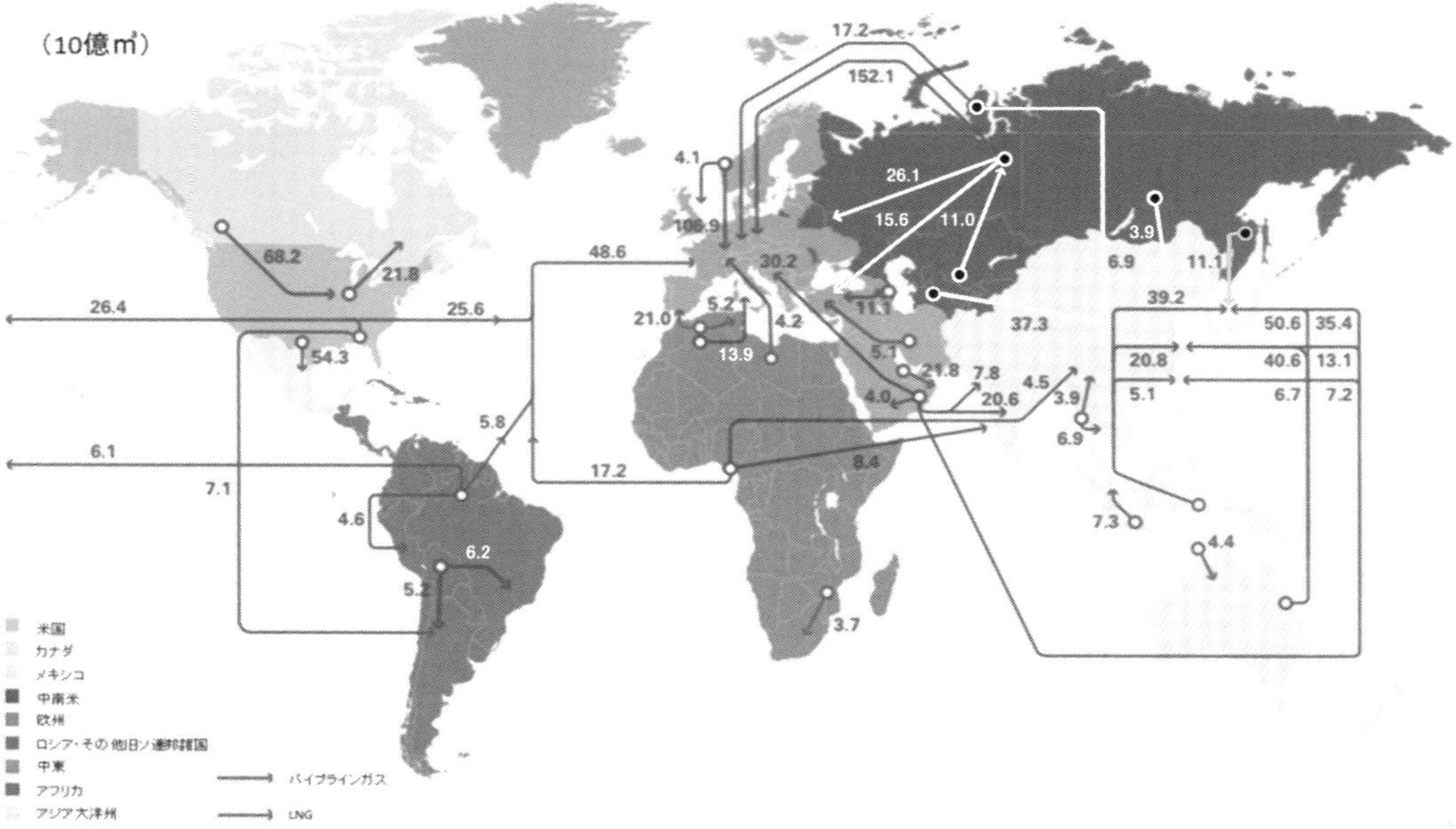

資料：BP「Statistical Review of World Energy 2021」

出所：経済産業省資源エネルギー庁『エネルギー白書2022』

火力をカーボンニュートラル時代への橋渡しの技術と位置付けてきた。2022年2月、欧州委員会は、EUタクソノミーにおいて、天然ガス火力発電と原子力発電を「カーボンニュートラルへの移行期に必要な経済活動に含める」と発表した。天然ガス火力を石炭火力の代替技術とする動きを主導してきたのは、ロシアのウクライナ侵攻で苦しむEU自身なのだ。2010年から2020年の間に、LNGの輸入は6割以上伸び、輸入国の数は倍増した。特にアジア諸国の伸びが大きく輸入量の7割を占める。中国は、石炭火力から天然ガス火力へのシフトを強力に進めている。

今さら時計の針を逆転することはできないから、天然ガスの価格は先の見えない右肩上がりの状況が続くことになろう。パイプラインからLNGへの転換コストが上乗せされるEUでは、日本や米国以上に天然ガス火力のコストが上昇する。

EUは、米国と旧ソ連に挟まれた欧州諸国が石炭と鉄鉱石を共同で管理することを目的に1952年に設立した欧州石炭鉄鋼共同体（ECSC）を起源とする。欧州にとって資源のロシア依存脱却は積年の課題である。一方、ロシアは、EUへの輸出を拡大してロシア依存脱却を阻んできた。現在でも、ロシア側から見ると実に輸出の半分強が欧州向けであり、EUは、石油輸入の3分の1、天然ガス輸入の半分近くをロシアに頼っている。ロシアがEUへの影響力を高めるために意図的に輸出を拡大してきたことの成果といえる。

ウクライナ侵攻後のEUとロシアの関係を見ると、ECSC設立から70年、欧州経済共同体（EEC）、欧州共同体（EC）を経てEUになっても、欧州は資源のロシア依存脱却を果たせなかったことになる。

対応問われる日欧

エネルギー資源の国際的な取引は、微妙な需給バランスの上に成り立っている。そのため、わずかな供給量の変化が取引価格に大きな影響を与える。トランプ政権時代の2018年、米国はイラン原油の禁輸を発表した。それに伴い石油価格は20％程度上昇したが、イランの原油生産の世界シェアは4％程度に過ぎない。ロシアの石油生産量はイランの3倍程度あるから、当時よりはるかに大きな影響が出ると考えるのが普通だ。

今後、長期にわたってロシアから石油を輸入しなくなれば、サウジアラビアに近い生産量を誇るロシアを一国で代替できる国はないから、多くの国で増産に向けた合意が必要になる。しかし、資源国の多くは、西側民主主義体制には含まれない国々だ。その分、国内権力層の判断で資源を政治的な駆け引きに使おうとする力が働きがちになる。2022年6月にOPECプラスは石油の増産を決めたが、石油価格はほとんど反応を示さなかった。OPECの影響力の低下もあるかもしれないが、OPECの協調がどこまで続くかと見る向きが多いことも理由だろう。オイルショック以来、中東諸国などとの交渉に苦労してきたのが国際資源市場の歴史だ。制裁のコストも大きい。サハリンの資源開発プロジェクトは、日米欧とロシアの協働を象徴するプロジェクトだった。サハリン1は、米国石油大手エクソンモービルが30％の権益を持ち、ロシア政府系エネルギー企業が20％、インド国営石油会社が20％と続く。日本も政府が50％出資して大手商社も参加するサハリン石油ガス開発（SODECO）が30％の権益を有する。サハリン2は、英蘭石油大手ロイヤルダッチシェル55％、三井物産25％、三菱商事20％で立ち上げられたサハリン・エナジーが進めるプロジェクトだ。現在は、ロシアのガスプロムが50％強の権益を持っている。

これだけのナショナルプロジェクトだが、ロシアのウクライナ侵攻でエクソンモービルはサハリン1から、ロイヤルダッチシェルはサハリン2からの撤退を決めた。対して日本は、2022年4月、岸田首相が「サハリンの石油・天然ガス開発事業から撤退しない」との方針を表明した。サハリン事業が日本のエネルギー安全保障にとって重要なプロジェクトであることが理由だ。多くの国が関与する海域を経て遠路はるばる運ばれてくる中東のLNGに比べて、サハリンのLNGは隣国から運ばれる。そのためか、日本が輸入するLNGのうちロシア産は8％程度に過ぎないにもかかわらず、電力・ガスなどインフラ系ではサハリン産のLNGを利用する企業が多いとされる。

天然ガスの4割以上をロシアから調達してきたEUが脱ロシアを図るリスクに比べれば、サハリンから撤退することにより日本が負うリスクは小さいと考えられる。企業が被る損失についても、ロイヤルダッチシェル、エクソンモービル、BP、オエクイノールの4社が負う損失は4兆円を超えるとの情報もある。ロシア制裁で欧米と同調している日本だが、本質的に抱えている危機意識の違いがサハリンプロジェクトへの対応に現れたといえる。ロシアはこうした意識の違いを突いてきた。

プーチン大統領は2022年6月30日、サハリン2の運営を新会社に移管するように命じる大統領令にサインした。これにより日本は、新会社に出資して権利を維持するか、出資しないでガスの調達の契約を維持するかを迫られた。出資すれば、撤退した欧米との結束にヒビが入る可能性がある一方で、出資しなければ、調達の権利が維持できるかどうかわからない。権利が維持できなければ、日本は価格が高騰する国際スポット市場でサハリンからの調達分を代替することになる。欧米のメジャーが素早く撤退を決めたのは、こうした板挟み状態に追い込まれるリスクを先読みしていたからかもしれない。今後も、さまざまな変動が起こる国際資源市場で、日本の情報収集、分析力が問われている。結局、英国のシェルが撤退方針を示す一方で、三井物産と三菱商事は新会社への参画を決め、日本の需要家もサハリン2からの調達を継続している。日本の選択の是非は今後の評価に委ねられる。

懸念される制裁の効果

ロシアからの石油、天然ガスの禁輸にどれほど制裁の効果があったのかという指摘もある。

2022年3月に行われた国連総会の緊急特別会合では、ロシアのウクライナ侵攻を非難し、即時撤退を求める決議に関する議論が行われた。141カ国の圧倒的多数で採決されたものの、ロシア、ベラルーシなど5カ国が反対し、中国、インド、中央アジア・中東諸国、アフリカ諸国など35カ国が棄権した。反対と棄権の国々は、ロシアからの石油や天然ガスの輸入禁止には付き合わないだろう。中国やインドのようなエネルギー需要の大きな国もいるから、日米欧が禁輸してもロシアはかなりの量の石油や天然ガスを売ることができる。

中国は、ロシアを結ぶ天然ガスパイプライン「シベリアの力」を2019年に開通させており、2022年になって天然ガスの供給量の一層の拡大でロシアと合意している。また、欧米が撤退するサハリンプロジェクトの権益も中国の手に落ちるといわれている。EUが輸入を止めるEU~ロシア間のパイプラインから中国が石油や天然ガスを輸入できるわけではないが、ロシアとしては、大量の資源を買ってくれる中国向けのルートに開発資金を振り向けるはずだ。

日米欧の側も、EUの中は一枚岩ではない。ロシア産石油の禁輸への対応が難しい国があるからだ。ロシア寄りのハンガリーは、もともと制裁に反対しているが、ロシア依存度の高いチェコやスロバキアも禁輸に対して懸念を示している。経済力の大きな国に比べて国際的な調達力が劣る中堅国にとって禁輸は切実な問題なのだ。ポーランドでは、「エネルギー価格の高騰で悪いのはEUだ」と言う声も出たという。EUといっても立場や主義主張が共通しているわけではない。

ロシア制裁の結果、石油や天然ガスの価格が高騰し、制裁の効果を減じているという問題もある。日米欧の制裁によりロシアの輸出量は確かに減るが、価格高騰で単価は上がるので減収の効果は限られる。米国のイエレン財務長官は、EUの石油禁輸に触れ、「世界の石油価格を上昇させるため、ロシア経済にそれほどマイナスの影響を与えない可能性がある」と指摘した。

不安定化するエネルギー市場

日米欧がロシア市場から撤退すれば、その分を調達する市場で石油、天然ガスの市場価格が高騰する。天然ガスの多くは長期の契約で調達されている。ロシア以外の市場で需給がひっ迫し、長期契約で十分な量の天然ガスを調達できなければ、日米欧のエネルギー会社は、スポット市場で天然ガスを調達しなければならない。スポット市場は、景気、気候などによるエネルギー需要の変動、資源国を巡る国際情勢、脱炭素のような国際的なエネルギー政策などの影響を受ける。そもそもロシアのウクライナ侵攻以前から、ポストコロナで世界経済が回復してエネルギー需要が増え価格が上昇する局面にあった。

ウクライナ侵攻直前の2021年の年末から2022年の年始にかけて、石油、天然ガスが市場によっては4倍も高騰し、石油も米国のウェスト・テキサス・インターミディエイト（WTI）原油が7年ぶりの高値を付けた。価格高騰の背景にはあったのは、ワクチンの普及などで新型コロナの感染が落ち着きを見せ、世界的に経済回復が期待されるようになったからだ。気候変動の影響もある。厳冬で暖房需要が押し上げられたことに加え、米国やブラジルでは、干ばつでダムの水位が低下し水力発電の発電量が減った。欧州では、広いエリアで風況が変化し、風力発電の発電量が大幅に低下した。日本では、その1年前の冬にも寒波によって電力需要が急騰して需給がひっ迫し、電力取引市場では、最高価格250円／キロワット時という異常な高値を記録した。直近10年の価格の推移を見ると天然ガスの国際調達市場は明らかに不安定になっていたのである。その背景にはいくつかの構造がある。

2016年にパリ協定が合意され、世界中の国がゼロカーボンに向けて動き出した。ゼロカーボンの政策では、化石燃料から再生可能エネルギーへの転換が注目されるが、エネルギーの使用量を減らす省エネルギーも重要な政策だ。しかし、世界のエネルギー消費量は減っていない。1965年から2019年の変化を見ると、石油換算で37億トンから139億トンと実に4倍近く増えている。経済成長の旺盛な新興国、途上国のエネルギー消費量の増加が大きな理由だが、先進国でもエネルギー消費量は減っていない。経済協力開発機構（OECD）諸国の

（図1－7）世界のエネルギー消費量の推移

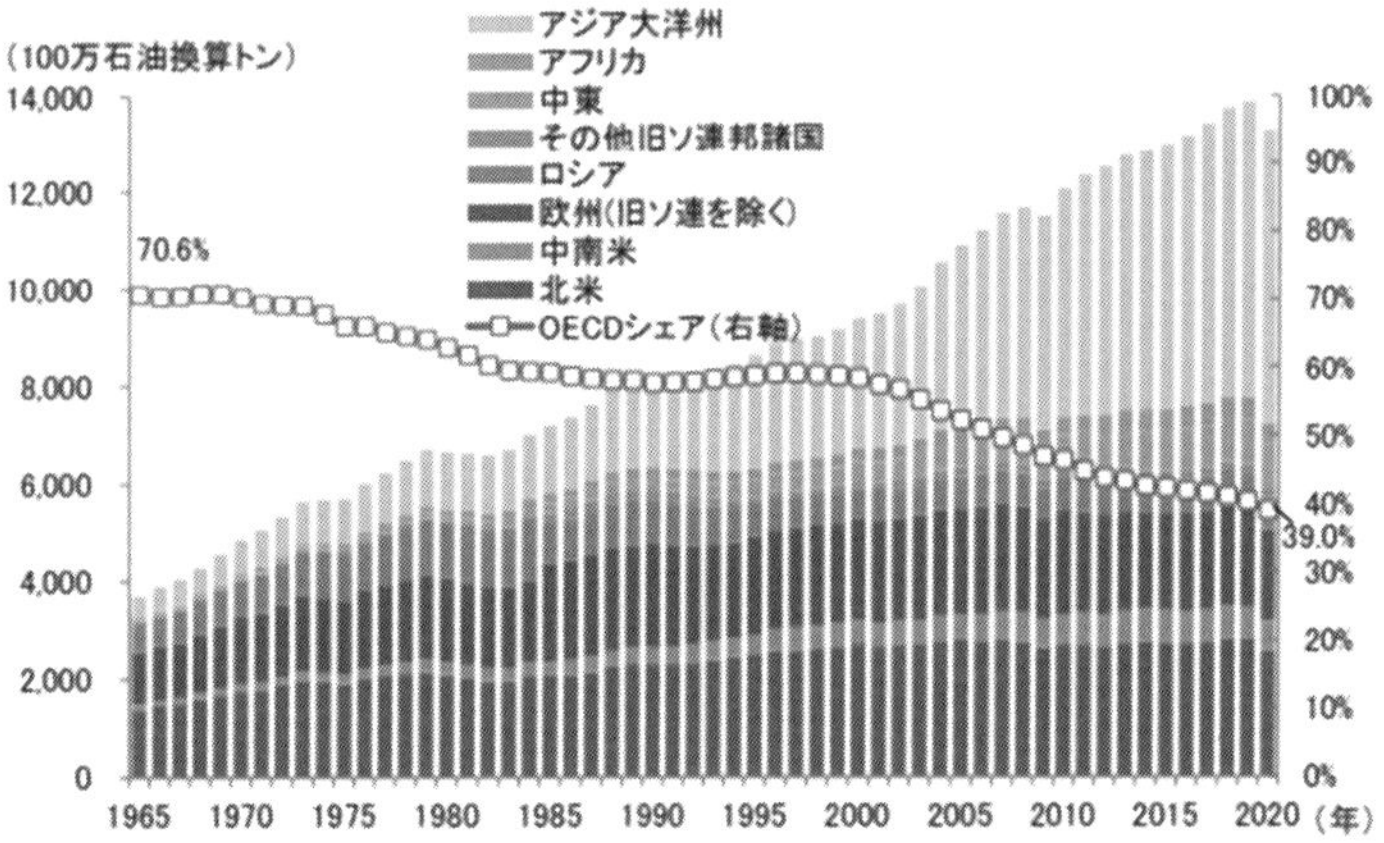

（注）1984年までのロシアには、その他旧ソ連邦諸国を含む。
（注）1985年以降の欧州には、バルト3国を含む。
資料：BP「Statistical Review of World Energy 2021」を基に作成

出所：経済産業省資源エネルギー庁『エネルギー白書2022』

エネルギー消費量のシェアは約7割から4割に低下したが、絶対量では倍増している。

この間、われわれの生活を見ても、家電や自動車で省エネルギーが大幅に進んだが、エネルギー消費量の削減はできていないのである。建築物、インフラなどの増設や自動化、情報通信やコンピュータなどの情報技術（IT）関連資産の急増など、エネルギーの消費源が増えていることが理由だ。カーボンニュートラル政策のなかで、こうしたエネルギー消費量の増加が議論されることは少ない半面、化石燃料から再生可能エネルギー、あるいはガソリン車から電気自動車（EV）への移行に注目が集まる。気候変動問題の原因がエネルギー多消費の社会構造にあるにもかかわらず、エネルギーの大量消費を是正することなく、エネルギー源を転換すればよいという風潮が生まれているのだとすれば大いに問題だ。エネルギー過剰消費の構造を変えなければ、再生可能エネルギー中心のエネルギーシステムもいずれ限界に達する。

化石燃料からのダイベストメント

化石燃料事業からの急速なダイベストメント（投資撤退）もエネルギーシステムを不安定化する要素だ。カーボンニュートラルの達成に向けて槍玉に挙げられたのは石炭火力発電だ。ＥＳＧや持続可能な開発目標（ＳＤＧｓ）への関心が世界的に高まると、これに反する事業活動を否定する動きが金融機関を巻き込んだ。二酸化炭素の最大の排出源であるエネルギー分野ではＥＳＧ投資の存在感が急速に高まった。英国の投資銀行家により設立されたオックスフォード大学のスミス企業環境大学院が展開した「石炭火力座礁資産論」は、世界中の投資家に影響を及ぼし、オランダの年金基金ＡＢＰは、２０５０年までに保有資産の二酸化炭素排出量をゼロにする方針を打ち出し、２０３０年までに発電用石炭からの投資撤退を表明した。ノルウェー政府年金基金は、石炭火力を扱う日本の電力会社からの投資撤退を表明した。石炭火力からの撤退に慎重だった日本でも、世界的な圧力の高まりを受け、金融機関が石炭火力からの撤退を表明せざるを得ない状況となった。

天然ガス火力発電は、燃料の天然ガス自体の二酸化炭素排出量が少ないコンバインドサイクルの発電効率が高いこともあり、火力発電の中ではクリーンな技術とされている。カーボンニュートラルに向けた橋渡しの技術ともされているが、天然ガスに投資する側にしてみれば、ESGやSDGsの流れが加速し、いつ石炭のように槍玉に挙げられるかわからないという懸念を払しょくできない。何しろ天然ガス火力発電は、石炭火力発電の「半分も」二酸化炭素を排出するからだ。主要国は、2050年のカーボンニュートラルに向け2030年のマイルストーンを発表している。比較的穏当な目標を掲げている日本でも、2030年までに半分近く二酸化炭素の排出量を減らすことを目標としている。そうした状況を見れば、石炭火力の「半分も」二酸化炭素を排出する天然ガス火力発電が、2030年に2020年の石炭火力発電と同じような位置付けになるかもしれないという不安が頭をもたげるのは当然だ。

一方で、再生可能エネルギーに投資する企業は一般的に市場評価が高い。例えば、大手エンジニアリング会社が火力部門を別会社化して再生可能エネルギーに特化すれば市場は評価した。こうした風潮があるから投資家や企業家が、化石燃料への投資にはできるだけ慎重に対応しようと考える。しかし、エネルギーシステムを運営する側から見れば、出力が安定しない再生可能エネルギーは不安定要素だ。現在のところ、火力発電は供給量を自在に調整できる最も有力な手段だから、再生可能エネルギーが急拡大する一方で、化石燃料の投資が縮小すればエネルギーシステムの安定性は損なわれていく。

需給両面での気候変動の影響

気候変動によるエネルギー需要の変動もエネルギーシステムを不安定にする要因だ。気候変動に関する政府間パネル（IPCC）の報告書などでいわれているように、地球温暖化といっても一元的に気温が上昇するわけではない。地球温暖化により大気のエネルギーが増大すると、気温の平均値が上がるだけでなく、変動が大きくなる。その分だけ平均値が上がった以上に最高気温が上昇し、時として気温が大きく低下することもある。こうした壮大な大気の脈動が世界中で異常気象を巻き起こしている。インドでは、最高気温が50℃に達するような猛暑が起こっており、日本でも35℃を超える猛暑日が当たり前になった。毎年猛暑のなか冷房をかけずに命を落とす人が出るようになると、「エアコンの使用を控えましょう」という政府広報は出しにくくなる。猛暑が酷くなれば、省エネよりエアコンをかけて命や健康を守ったり、猛暑で疲労した身体を休めたりすることのほうが優先されるのは当然だ。

猛暑日以上に電力需要がひっ迫するのは、冬場の厳寒のときだ。最近、日本でも平均的に見れば昔より暖かくなっているが、1、2週間だけは厳寒に見舞われるということが増えた。冬については、気候変動による気温の上昇は最低気温の上昇という形ではなく、冬場の短さ（冬が早く終わる）という形で表れているようだ。大気の脈動により極端に寒い日が発生すれば、ある期間だけ暖房需要が急増する。かつて冬の暖房の主役といえば、ガスや灯油のストーブだったが、ヒートポンプの発達で暖房にもエアコンを使うことが多くなった。気候変動による需要の変化に暖房技術の進化が加わって電力の需要が急騰し、電力取引市場での価格が高騰する。

気候変動の影響は需要側だけでない。気候変動によって再生可能エネルギー電力の出力変動のリスクが顕在化している。2021年の年末年始、欧州では、風力発電の発電量が低下して火力発電で補わざるを得なくなり、電力価格や資源価格が高騰した。日本でも冬場の寒い日に太陽光発電の出力が低下し、電力需給がひっ迫するという事態が発生した。

化石燃料から再生可能エネルギーへの転換は気候変動対策の最も有効な手段だが、自然のエネルギーを使う分だけエネルギーシステムが気候変動の影響を受けるというパラドクス（逆説）に直面している。

（2）先の見えない脱化石燃料のシナリオ

再生可能エネルギーだけで支えられない再生可能エネルギー

再生可能エネルギーの気候変動リスクは、次章以降で詳しく述べるが、例えば、暖房需要が大きくなる気温の低い曇天の日には、どんなに増設しても太陽光発電を頼りにすることはできない。風力発電で太陽光発電の電力を補うことも考えられるが、気温の低い曇天の日に広いエリアで風が弱くなるという事態が発生しないという保証はない。風力発電の増設は、太陽光発電の発電量の低下を補うひとつの手段ではあるが、根本的な問題解決の手段にはならない。自然任せである限り、太陽光発電や風力発電をいくら積み上げても、エネルギー供給を保証することはできない。

太陽光発電と風力発電の発電量が同時に大幅減となる確率は低いかもしれないが、あらゆる生活、経済活動の基盤である電力の供給は、極々低い確率のリスクでも無視することは許されない。これまで電力事業者は、そうした高いリスク感覚で電力システムを運営してきた。このことは、エネルギー源が化石燃料から再生可能エネルギーに移っても決して変えることができない。

再生可能エネルギーで天候に左右されずに電力を供給できる手段としては、水力発電、バイオマス発電、地熱発電などがある。しかし、水力発電には渇水のリスクがある。日本でも電力需給がひっ迫する夏場に渇水になるのは珍しくないが、大陸では、未曽有の渇水が起こっている。2022年の夏、欧州と中国で起こった渇水では、ライン川や揚子江のような大河で大型船の運航が難しくなるほど水位が低下したり、ダムの貯水量が大幅に低下し、水力発電の発電量が低下しただけでなく、国民生活や産業活動にも大きな影響が出た。米国でも渇水による水力発電の発電量の低下が顕在化した。長い時間軸で考えると、水力発電にも太陽光発電や風力発電のような天候リスクはあるのだ。しかも、どこの国でも総発電量に占める水力発電のシェアは10%程度に過ぎない。太陽光発電、風力発電が総発電量の半分を占めるような時代、天候リスクから見ても、発電容量から見ても、水力発電もいざというときの頼みの綱にはならない。

バイオマス発電は、燃料となるバイオマスを貯蔵しておけば、いざというときの備えにはなるが、太陽光発電や風力発電と比べると圧倒的に賦存量が少ない。また、長期的に見れば、干ばつ、洪水、山火事などの天候リスクがある。地熱発電は、天候リスクはないが、日本で太陽光発電や風力発電を補完できるだけの賦存量を確保するには革新的な推進策が必要だ。

こう考えると、再生可能エネルギーが発電量の過半を占める電力システムの最終的な信頼性を確保するには、再生可能エネルギー以外の手段が必要ということになる。

蓄電の限界

真っ先に頭に浮かぶのが蓄電池だが、蓄電池に貯められる電力の量は限られている。例えば、東京電力管内の最大発電量は5000万キロワット強なので、ピーク時の電力を1時間支えるだけでも5000万キロワット時の蓄電池が必要になる。蓄電池の単価を10万円／キロワット時とすると5兆円ものコストが必要になる。風力発電や太陽光発電の発電量が数時間にわたって低下する場合に、電力を蓄電池だけで補完することは、現実的ではない。

揚水発電は、再生可能エネルギーの出力変動リスクを補完する最も信頼性のある技術だが、渇水リスクがあることは水力発電と変わらない。また、日本などの先進国では、大型の揚水発電の開発余地は極めて限られている。

こうして考えると、電力システムの信頼性を担保するためには、燃料を貯蔵できる電源を確保しておかなくてはならないことになる。カーボンニュートラルという視点で最も期待したいのは、再生可能エネルギーが過剰に発電したときに水素を生成して貯蔵し、必要なときに水素発電を行って電力需要を満たすというシステムだ。しかし、水素発電は、現状の技術開発目標が達成されたとしても、最もコストの高い発電手段のひとつであることに変わりはない。また、水素発電の高コストを甘受したとしてもシステムの整備には時間がかかる。

化石燃料をすべて水素に変える、いわゆる水素社会は、エネルギーシステムの安定性という意味では最も確実な手段だ。しかし、そのためには、莫大な投資が必要になるから世界的なコンセンサスが必要だ。しかし、ＥＶで蓄電池に注目が集まり過ぎているためだろうか、水素社会づくりに向けたコンセンサスを得ようという動きにはなっていない。

再生可能エネルギー同士の補完では心許ない、蓄電池や揚水だけでは不十分、頼みの水素はコンセンサスづくりができていないとなると、電力システムの最終的な信頼性は、当面の間、原子力発電と火力発電に頼らざるを得ないことになる。

原子力への期待

脱石炭火力の動きが増すなか、２０２２年２月、欧州委員会はＥＵタクソノミーにおいて、天然ガス火力発電と原子力発電は「カーボンニュートラルへの移行期に必要な経済活動に含める」と発表した。これには、ゼロカーボンの政策や事業活動、社会活動に関わる多くの人が驚いた。経済活動重視派への擦り寄りの方針と捉えることもできるが、電力システムの安定性には当面、火力発電を排除することはできないと考えていると捉えることもできる。

米国では、ビル・ゲイツ氏が原子力発電をゼロカーボンに欠かせない技術としているし、小型原子炉（ＳＭＲ）の開発に巨額の資金が向けられている。反原発の声が強かったＥＵでもロシアのウクライナ侵攻後、原子力発電を見直す声が生まれている。日本でも福島第一原子力発電所の事故以来封印されてきた原子力発電所の更新が言及されるようになった。2022年5月に開催されたスイスのダボス会議で、国際エネルギー機関（IEA）のビロル事務局長は、原子力発電の拡大を主張した。2050年に向けた電源構成では、一定程度の原子力発電を含める国や地域が多い。その意味で、EUタクソノミーが原子力発電を位置付けたことは予定調和の流れに見える。

一方で、原子力発電先進国であった米国、旧ソ連、日本で起こったチェルノブイリ、スリーマイル島、福島第一原子力発電所の事故によって失った原子力発電への不信感や嫌悪感が払しょくされたわけではない。中国などを除くと原子力発電については、現状維持を図るのがせいぜいだろう。

こうして考えると、よほど革新的な技術が出てくるか、いざというときには停電も仕方ないという社会的なコンセンサスができない限り、電力システムの最終的な信頼性を維持するためには、しばらくの間、火力発電を維持せざるを得ない。しかし、2010年代の後半に石炭火力座礁論が勢いを増し、世界中の政策、金融機関の投融資姿勢があっという間に石炭火力停止へと傾いた。深刻さを増す地球温暖化を目の前にして地球温暖化への影響が大きい石炭火力を排除しようとする姿勢は理解できる。しかし、その過程において、電力システムは、万が一にも停止してはいけない社会インフラであることを前提としたエネルギーセキュリティの議論はなかったように見える。風力発電や太陽光発電を大量導入すれば、広域送電網の中のどこかの電源が発電するから電力供給が途切れることはないといった程度のセキュリティ意識が背景にあったのではないか。また、再生可能エネルギーこそ気候変動の影響を最も大きく受ける電源であるという当たり前の事実を踏まえたエネルギーセキュリティの議論もなかった。

ＥＵタクソノミーが天然ガス火力発電を橋渡しの技術として位置付けたのは、いずれにせよ妥協の産物だ。エネルギーセキュリティを確保するために火力発電を維持しつつ、脱炭素に配慮するのであれば、二酸化炭素回収・貯留（ＣＣＳ）を付けることを義務付ければよい。石炭火力の半分の二酸化炭素を排出する天然ガス火力を認める一方で、ＣＣＳを付けようが何だろうが石炭火力は一切認められないとするのは論理性に欠ける。脱石炭火力への声の大きさに配慮したのがＥＵタクソノミーの指針といえる。こうした政治的な妥協がエネルギーシステムの歪を生む。

電力システムを呪縛する社会の流れ

電力システムは、いくつかの動きが絡み合って身動きのできない状態に陥っている。

一つ目は、ここまで述べた脱炭素の動きだ。２０１６年に米中同時批准という歴史的な出来事で発効に至ったパリ協定の流れは６年を経た現在でも劣えていない。ロシアのウクライナ侵攻で石炭火力発電が復活するなど足踏みすることはあるが、パリ協定の流れが強さを失うことはない。最大の理由は、脱炭素を実現する技術の多くが実用段階に入り、かつての「脱炭素＝経済のブレーキ」という関係が、「脱炭素＝経済の加速器」という関係に変わってきたことだ。最も安い電源は太陽光発電であり、火力発電の経済性は風力発電にも劣後する。自動車市場でもEVの価格と実用性がガソリン車に迫るようなってきたし、デジタル技術の飛躍的な進歩であらゆる設備・機器の精密な制御が可能になってきた。どこの国でも「デジタル×グリーンテクノロジー」が成長戦略の一丁目一番地になっている。テスラのようにデジタル×グリーンの分野に注力する企業の株価は異常なまでに跳ね上がり、トヨタのように多面的に可能性を追求する企業の株価は、その判断が賢明であっても、市場でフェアな評価を受けられない。経済的に可能であることに加え、経済成長と表裏一体になったことが世界的な脱炭素推進のコンセンサスになっている。

こうした基盤が地球温暖化問題の研究者の主張と連動を強めている。IPCCは、2022年4月に公表した報告書で、パリ協定が目指す気温上昇1.5℃の目標を達成するためには、2025年までに温室効果ガスの排出量をピークアウトさせることが必要とした。また、エネルギー部門については、化石燃料の段階的削減（フェードアウト）を求めた。これを受けるように、2022年5月に行われた主要7カ国（G7）の会議で気候・エネルギー・環境担当閣僚は、2035年までに電力部門の大部分を脱炭素化することに合意した。その過程で、「排出削減が講じられていない石炭火力は退出させる」、「石炭火力からは段階的に脱却する」との意見も出たとされる。IPCCの主張に政治が即裏書を入れたような形だ。1992年に気候変動に関する国際連合枠組み条約が締結されてから30年を経て、脱炭素を目指すことは環境的にも経済的にも正しいという合意ができた。

自由化政策の限界

二つ目は、電力自由化の動きだ。1980年代、英国のサッチャー政権下で電力事業の市場化が始まると、その動きは世界中に広まった。どこの国でも電力事業は、国営や強い規制による特権のもとで行われてきた。英国では、国営の電力公社と地域の配電局によって行われてきた事業が民営化され、民間事業者の間で競争が促された。日本では、北海道から沖縄まで10の地域に分けられた地域で電力会社が発電、送電、配電、電力販売の事業を独占的に行ってきた。そこに1990年代後半から自由化政策が導入され、2020年にゴールとされていた発電事業、送配電、電力小売り事業の法的分離に辿り着いた。

送配電網は、高速道路や長距離鉄道網と同じように民間事業者が競い合って適切に整備できるものではないので、どこの国でも「誰でもアクセスできる公益性の高いインフラ」として運営されている。その最も進化した形が関係国の国境を越えて連結されたＥＵの超広域送電網だ。一方で、発電事業、小売り事業については、条件を満たせば原則誰でも参入することができる。電力に限らず、インフラ分野では、送配電網のような競争が成り立たないインフラについては、公共性のある機関が関与して透明性のある形で運営する一方、その他の部分については、徹底的に競争させることが自由化の国際的なスタンダードだ。

しかし、世界的にも自由化政策は成功と言い切れるほどの成果は上げていない。価格面では、自由化によって一時的に電力価格が下がることがあっても、その後、上昇に転じるケースが少なくない。日本で自由化によって電力価格が下がったのは、自由化前の地域独占下での価格があまりにも高かったからだ。市場競争についても、新規参入者と既存事業者による百花繚乱の市場ができることはなく、特定の企業の寡占状態になることが多い。日本でも電力会社と競い合うはずだった新電力は今や死屍累々だ。電力事業に限らず、自由化でよく見られる政策効果の限界だ。欧州では、大手電力会社により市場が寡占化したのち、大手電力会社の力が落ちたのは、再生可能エネルギーの大量導入に乗じて新規参入者の勢力が増したためだ。自由化後に寡占を果たした大手電力会社は、巨大な火力発電の資産を抱えていたため、再生可能エネルギーが中心となる市場への変化に対応するのに手間取った。

自由化政策のもとでは、国はあの手この手で発電事業者の投資意欲を維持して市場参入や発電所への投資を促す。市場が安定していれば、作った電気という商品が必ず売れる電力事業は投資資金を集めやすいが、市場の見通しが立たなくなると投資は減る。例えば、再生可能エネルギーが急速にシェアを拡大するとわかってくると、火力発電に投資資金は集まりにくくなる。また、日本のように人口が減って長期的に電力需要が減少する市場では、発電事業に対する投資側の評価が一層慎重になる。筆者は、長く自由化政策に関わってきたが、自由化政策が成功するのは、市場が右肩上がりで成長している場合だ。市場が成長していれば投資意欲も高まり、新規参入者が市場の成長部分を取り込んで既存事業者に対抗することができるからだ。日本でも1990年代後半から市場が急拡大した携帯電話市場では、新たな事業者が既存事業者と価格やサービスで競い合うことができた。これに対して需要が頭打ちの電力市場では、電力会社の絶対的優位は揺らいでいない。

社会の最も大事な基盤である電力システムの信頼性を維持するために、自由化市場のメカニズムをどこまで信じるべきかが問われている。

再生可能エネルギー市場はグローバルな競争の賜物

三つ目は、グローバリゼーションだ。現代社会を支える巨大な電力システムは、グローバル経済の賜物ともいえる。日本のように資源に恵まれない国は、世界中の資源国から石炭、石油、天然ガス、ウランを調達することで初めて安定した電力を供給することができる。戦争などでグローバルな貿易に支障を来せば、電力の安定供給は危機に瀕することになる。本書の後段でも国産化についての議論をするが、再生可能エネルギーが主要なエネルギー源となったからといって、グローバル経済の恩恵が要らなくなるわけではない。2050年の電力構成の過半を占める太陽光発電、風力発電については、太陽光パネルの8割は中国産だし、風力発電設備も中国と欧米が各々半分近くを供給する。日本の太陽光発電事業、風力発電事業の設備も過半は海外製だ。グローバル市場抜きに日本は、再生可能エネルギーを調達することができないのだ。こうした状況に抗って日本製の太陽光パネル、風力発電設備を使おうというのは、グローバル経済に抗うことと同義だ。

火力発電が中心だった時代には、石油や天然ガスの世界的な遍在が問題になった。地域間の紛争などの問題が多い中東の資源に過度に依存しないように、できるだけ広い範囲から資源を調達した。グローバルなネットワークを広げることが資源調達のリスクを減らすものと考えられてきた。

再生可能エネルギーが中心になると、資源の偏在に悩まされることはなくなるともいわれた。しかし、グローバル市場での弱肉強食の競争を繰り広げた結果を見ると、太陽光パネルと風力発電設備の生産量は、化石燃料資源に勝るとも劣らないくらい偏在している。巨大な国内市場を背景に技術力とコスト競争力を高めた中国勢が、太陽光パネルや風力発電設備の世界市場を席巻した。政府の支援を受けた中国企業が世界市場を席巻する様をフェアではないとする意見もあるが、再生可能エネルギー関連の産業では、どこの国でも多かれ少なかれ政府の支援があったし、どこの国の企業でも自国市場で競争力を付けたうえで海外市場に出ていくのが常道だ。中国勢による市場の席巻は、力を付けた中国企業がグローバル市場の競争を勝ち抜いた結果であると捉えないといけない。

一方で、グローバリゼーションは、再生可能エネルギーの普及に大きく貢献した。太陽光発電や風力発電の設備を造っているのは、ほとんど例外なく専業メーカーだ。日本企業のように大企業の一部門が担っていた事業は専業メーカーとの競争についていけなかった。専業メーカーが大企業を席巻する力を付けることができた大きな理由は、専業というわかりやすいビジネスモデルを引っ提げ、新規公開株（ＩＰＯ）などによって市場から大量の資金を調達したからだ。野心のある優秀な人材もそうしたビジネスモデルに惹き付けられた。再生可能エネルギーの発電事業では、太陽光発電や風力発電のために特別目的会社（ＳＰＣ）が設立され、市場から巨額の資金を調達した。巨大化した再生可能エネルギー市場は、グローバルマネーの申し子ともいえる。

グローバル市場の問題

グローバル市場の問題は、巨額のグローバル資金が政策的な意向を飛び越えて動く、ノンポリで利益志向の資金であることだ。電力会社が規制業種であった時代には、エネルギー関連の投資は政策の意向を反映して行われた。政策側に能力があれば、エネルギーにまつわるいろいろな問題に配慮して投資することもできた。ESGファイナンスでは、環境志向の強い事業に資金を振り向けることができるが、エネルギー政策に関わるさまざまな要素を反映するのは難しい。電力ビジネスが自由化された市場でも、政策的なインセンティブを与えることで投資に影響を与えることはできるが、インセンティブを考える側には、市場はどの程度の確率でインセンティブに応えるかを予測する能力が必要になる。予測する能力が低ければ、市場を誤った方向に誘導するリスクもある。政策の意向から一線を画するグローバル資金の性格が良いか悪いかは別にしても、ここまで述べたような複雑で、相反する要素を含む市場を誘導するのは、難しくなっているのではないか。ロシアのウクライナ侵攻を背景としたエネルギー市場の混乱の裏には、自由化やグローバル政策の機能の限界という面があると考えるべきではないか。エネルギー市場の環境性や信頼性を高めるためには、規制強化という時計の針を戻す舵を切るべきという考えがあり得る時代になった。

しかし、市場を適切に制御するために規制型と自由化型のどちらの政策手法が優れているかという議論は、経済成長を旨とする市場の論理に打ち消されてしまう。市場で資金が自由に動き回るためには、規制はないほうがよいからだ。

浮かび上がったエネルギーセキュリティ

自由化やグローバル化の功罪が見えてきた市場が直面するのが、エネルギー市場を取り巻く4つ目の要素、エネルギーセキュリティだ。エネルギー政策は、長期短期のエネルギーの供給安定性をいかに保つかを最も重要な課題として掲げてきた。短期的に見れば、電力の供給力に想定し得る最大需要に対して一定の余裕を持たせるために石油などのエネルギー資源を備蓄する、かつての日本ように独占的な権利を与えてでも電力会社に供給安定性を維持させ、そのための経営的な余力を与えるなどの政策を講じてきた。また、中長期的に見れば、石炭から石油、天然ガス、原子力など資源を多様化することで、国際的な資源調達が滞ることがないように、あるいは資源枯渇のリスクを下げるようにしてきた。振り返れば、再生可能エネルギーも、こうしたエネルギーセキュリティの観点から開発されてきたエネルギー資源のひとつであった。

エネルギーセキュリティを高めるために、日本は世界中の国々と協調してきた。だから、エネルギーセキュリティは、日本にとって外交上の大きなテーマであった。そして、エネルギーセキュリティの重要性は年々高まっている。われわれの生活や産業活動は、ますますエネルギーへの依存度を高めているうえ、世界的に見れば、エネルギー多消費型社会に移行する国や人間の数がさらに多くなっているからだ。

エネルギー政策の根幹

エネルギーセキュリティの重要な要素は、電源や資源の多様化である。石炭、石油、天然ガス、原子力など、どのエネルギーも一長一短がある。石油や天然ガスの生産は、世界的な偏りが大きく、国際的な政治情勢が変われば調達が滞るリスクがある。可採埋蔵量の天井も比較的低く、過度に依存すると使える期間が短くなる。石炭は、世界的に広く分布して埋蔵量も豊富だが、環境負荷が大きい。原子力は、環境負荷も小さく燃料の調達リスクも低いが、チェルノブイリ、スリーマイル島、福島での原発事故のように万が一の場合のリスクが大きすぎる。このような具合だから、特定のエネルギーに偏ることは、エネルギー供給のリスクを高めることになる。

運営面で見ると、原子力発電や石炭火力発電は需要変動の対応性が相対的に低いから、電力需要のベースを支える電源として使われてきた。これに対して、応答性の良い天然ガスタービン発電や水力発電は短期的な変動に対応するために使われてきた。このように、長期、中期、短期の視点でエネルギーをセキュアに保つために、多様な資源と発電方法の開発と電源の長所短所の組み合わせが必要だったのである。

再生可能エネルギーは環境負荷や事故のリスクが小さいうえ、地産地消のエネルギーだから化石燃料のような調達リスクはないとされる。しかし、前述したように、設備の調達を考えると再生可能エネルギーも多様化政策の理屈から逃れられるものではないことがわかる。中国からの設備の供給が止まれば、新しい発電設備の建設や設備更新、修理ができなくなる。自然がつくり出したのが化石燃料の偏在だとすれば、グローバル競争がもたらしたのが再生可能エネルギーの技術資源の偏在といえる。

電力供給の面では、発電量が安定しない再生可能エネルギーは電源同士の補完が大前提だ。どこの国でも再生可能エネルギーは国産だが、エネルギー量で見ると偏在もある。人口や経済活動に対して国土の広い国では、再生可能エネルギーでエネルギー消費を賄うことが理論的に可能だが、国土の狭い国では、再生可能エネルギーだけでエネルギー需要を充足することができない。筆者らの調査によると、そうした国は日本を含む東アジアに多い。日本の場合、洋上風力を膨大なエリアで建設するか国土の3分の2を覆う森林に手を付けないと、十分な再生可能エネルギーを調達することができない。

エネルギーセキュリティを忘れたエネルギー政策

設備生産、エネルギー資源の偏在に天候による発電量の変動が加わるのだから、再生可能エネルギー中心のエネルギーシステムでは、これまで以上に多様化政策が重要になる。しかし、国際的な脱炭素政策のなかで、長年築き上げられてきたエネルギーセキュリティ政策の枠組みは瓦解してしまったようだ。「電源の多様化」は過去の言葉のようにすら思える。福島第一原子力発電所の事故で原子力発電への批判が加速したことが、問題を一層複雑かつ深刻にした。脱炭素に猛進する人たちは、二酸化炭素排出量の多い石炭火力の排斥を主張した。一方で、福島第一原子力発電所の事故で原発のリスクを回避不能と断じる人たちは、原子力発電からの脱却を主張した。そこでは、多様な電源により、どんなリスクに見舞われようと電力供給が止まることのないセキュアな電力システムをいかに維持するかという意見は力を失った。

ロシアのウクライナ侵攻により、ドイツの電力会社は、天然ガスのロシア依存から脱却するために、停止していた発電所の再稼働、停止が予定されていた発電所の稼働延長などにより石炭火力発電の拡大を進めている。産業界を中心にエネルギー供給に対する強い危機感が示された結果、石炭火力の拡大という、これまでの脱炭素の流れとは真逆の方向に動いたのだ。脱炭素で世界をリードしてきたドイツの（石炭火力の増大という）姿勢転換は、エネルギー関係者に衝撃を与えている。

ドイツの姿勢転換が示しているのは、いざとなったら、個人にしても、企業にしても、国にしても「脱炭素よりエネルギーセキュリティを優先する」ということだ。どこの国でも脱炭素に拘るあまり、酷暑の中で熱中症が多発したり、厳寒の中で多くの人が凍えるような事態を看過すべきという意見はないはずだ。あったとしたら脱炭素の動きは社会的な信頼を失う。企業にしても天候次第で生産を低下させなくてはならないような国からは、撤退していくだろう。

中国独走というもうひとつの変数

日米欧が高騰するエネルギー価格により物価高騰などに苦しむ一方で、中国が漁夫の利を得る可能性が高まっている。

ロシアのウクライナ侵攻が始まる前から、世界的な石炭火力からの脱退の影響で天然ガスの調達市場の需給はひっ迫していた。日米欧は、そこから世界第二の生産量を誇るロシア産の天然ガスを差し引こうとしているわけだから、長期間にわたりエネルギー価格の高騰という不利益を甘受する覚悟をしないといけない。日欧は、米国からの天然ガス輸入の拡大、再生可能エネルギーの導入計画の底上げ、一時的な石炭火力の拡大、省エネルギーの加速などの対策を講じるが、いずれも経済的なコストとして跳ね返ってくる。それがインフレの収束を遅らせ、産業活動や国民生活を圧迫する。

一方、中国は、ロシアの最大の天然ガス供給先として優遇され、天然ガス資源の権益をおそらく割安で手にする。中東などからの天然ガス輸入から排除されるわけでもないので、中国は、天然ガス調達の選択肢が拡張され、割高な国際スポット市場に頼らなくてはならない局面が減る。ロシアに対する日米欧の経済制裁によって、中国が天然ガス調達でも有利な立場に立つことは間違いない。ロシアに対する日米欧の経済制裁によって、石炭火力から天然ガス火力の転換を図っていた中国は、天然ガス調達環境の好転という望外の利を得ることになる。

すでに触れたように、再生可能エネルギー市場では、中国が圧倒的なポジションを築いていることが問題視されている。今や最も安い発電手段となった太陽光発電や風力発電設備に加え、次世代産業として最も注目が集まるＥＶでも中国での生産は世界の半分を占め、中核技術であるバッテリーの生産では、中国が57％のシェアを占めるとされる。ＥＶでは、中国車の価格競争力は抜きん出ている。こうした中国勢の躍進を支えるのは、中国特有の産業構造だ。例えば、ＥＶでは、日本が得意としてきた完成車メーカーを頂点とする産業ピラミッドに対して、各企業が自由闊達に取引をする中国の産業モデルが、コストや開発スピードで圧倒的な競争力を発揮している。半世紀かけて構築された産業構造の違いが競争力の背景にあるだけに、日米欧が挽回するのは、容易ではない。市場に任せておけば、ＥＶ化に猛進するＥＵ市場は、中国のＥＶに席巻され、ＥＵの自動車メーカーは窮地に陥るだろう。

(図1－8)エネルギーの方程式

「脱炭素」+「グローバル競争」+ 「自由化」+「エネルギーセキュリティ」 ≠　次世代のエネルギー政策

出所：筆者作成

ＥＵタクソノミーが「カーボンニュートラルへの移行期に必要な経済活動に含める」としたように、天然ガス火力は、ゼロカーボン社会に移行するために欠かせないトランジション（移行）技術だ。再生可能エネルギーやＥＶなどのゼロカーボン市場に加え、トランジション市場でも、中国がロシアへの経済制裁の漁夫の利を得ることになる。日米欧は、容易ならざる状況に追い込まれつつあることを知るべきだ。

エネルギーの方程式

ロシアのウクライナ侵攻は図らずも、脱炭素に猛進してきた世界にエネルギーに関わる変数の優先順位を意識させることになった。われわれは、「脱炭素」、「グローバル競争」、「自由化」、「エネルギーセキュリティ」という変数の優先順位を意識して複雑な方程式の解を出さなくてはいけなくなっている。

４つの要素の支持者の構成を見ると概ね以下のようになる。

「脱炭素」を押してきたのは、地球環境の研究者、環境派の有識者、為政者、社会活動家、そして金融機関などである。「グローバル競争」

と「自由化」を一体として押してきたのは、経済学者、事業家、金融機関、為政者などである。そして、「エネルギーセキュリティ」を押してきたのは、エネルギー系の研究者、技術者、有識者、企業、為政者などである。1980年代以降の新自由主義と1990年代以降の気候変動問題のトレンドが強まるなかで、「脱炭素」、「グローバル競争」、「自由化」の支持者は力を増した。今では「脱炭素」、「グローバル競争」、「自由化」に否定的な意見をいうことは、例えば、筆者のような有識者にとって勇気のいることだ。

一方、「エネルギーセキュリティ」の論理をつくってきたのは、エネルギーシステムを支えてきた重電、資源系の研究者、技術者、企業や制度に関わってきた人たちだ。しかし、原子力発電の世界的な事故、化石燃料の使用が気候変動の大きな原因とされたことなどで社会的な影響力が低下してきたように見える。かつては、基幹産業と位置付けられてきた重電系の産業も、1990年以降の情報技術の急速な発展で旗色が悪くなった。

「エネルギーセキュリティ」に関する意識が相対的に薄くなったように見えるのは、こうした支持者層の勢いの違いによる面もあるかもしれない。

しかし、ロシアのウクライナ侵攻により世界は、存在感が薄れていた「エネルギーセキュリティ」という変数の重要性に気が付いた。いざとなったら、「脱炭素」より、「自由化」より、「グローバル市場」より重要な変数であることを世界中が認識した。もう少しすると、「脱炭素」、「グローバル競争」、「自由化」の賜物ともいえる、再生可能エネルギー産業における中国の躍進も「エネルギーセキュリティ」の観念が薄かった結果であることにも気付くだろう。

不定方程式の解

「脱炭素」、「グローバル競争」、「自由化」、「エネルギーセキュリティ」という4つの変数を持つ方程式の解はあるのだろうか。筆者は、ロシアとの関係が長期的に悪化したままであるのなら、この方程式は解のない不定方程式になると考えている。そして、ロシアを中心とする勢力と、欧米を中心とした勢力の諍いが長期化する可能性は高い。理由は、欧米の制裁がここまで述べたように期待したほどの効果を発揮せず、長期化するインフレで自らの首も締まり、双方引くに引けない状況になっているからだ。もともと大国の間でうまくバランスを取りたい新興国、途上国も欧米の力が圧倒的でないのなら、どっち付かずの態度を取るから対立が長期化する。出口の見えないエネルギーの方程式に解を与えるための方法は、4つの変数のいずれかへの拘りを捨てることだ。

捨てられない「脱炭素」と「エネルギーセキュリティ」

まず、「脱炭素」への拘りを捨てることはあり得ないだろう。京都議定書は2005年に発効してから勢いを失ったが、当時と今では気候変動に対する危機感が違う。2022年、欧州諸国は40℃を超える熱波に見舞われた。各地で大規模な山火事が発生し、東京都の2倍を超える広大なエリアが焼け野原となった。米国のカリフォルニア州でも大規模な山火事が起こった。インドでは気温が50℃を超えた。一方で、EVが普及し始め、太陽光発電が最も安い電源となるなど地球温暖化抑制のための技術に自信が持てるようになった。批准から6年を経ても、パリ協定のへの世界的な熱意は衰えていない。「脱炭素」への拘りは強まることはあっても、衰えることはない。

「エネルギーセキュリティ」については、今回のウクライナ侵攻で、どこの国でもその重要性を再認識することが必要との意識を高めているはずだ。「脱炭素」に目がいくあまりエネルギー政策の最も大事な要素を見失っていたという反省も出てくるだろう。今や長期的に気候変動が重要なテーマであることを疑う人はほとんどいないが、だからといって、目の前で熱中症にかかる人や凍える人が増えるのを看過してもよいという人はいない。「脱炭素」の急進派が「それでもいい」と言ったら、そうした人たちが一定数いたら「脱炭素」に向けた活動は失速する。

見直される自由化とグローバル

そうなると、われわれがエネルギー方程式の解を得るために見直しが必要なのは、「グローバル市場」と「自由化」ということになる。具体的には、エネルギー資源やエネルギー技術のグローバルで自由な取引に制限をかける、エネルギー関連の事業の立ち上げや運営に制約を課すということだ。

エネルギー資源の取引の制限は、ロシアからの輸入停止という形ですでに始まっている。問題は、それが何の準備もない状態で始まってしまったことだ。備えがなかったことで資源価格が高騰してインフレを誘発した。制裁している側のEUがロシアに冬場の天然ガスの供給を絞ると脅かされ、EU全体で天然ガスの消費量を15％削減する節ガスを検討するような状態だ。こうした事態を繰り返さないために、欧米は政治的な対立、政変などのリスクのある国との資源の取引が滞っても、資源の調達が困難になったり、資源価格が急上昇しないように備えるはずだ。そのためには、限られた国や地域から資源を調達するから取引価格は上昇するし、在庫を増すためのコストもかかる。コストアップ以上に問題なのは、調達先があまりにも限られているということだ。

米国を頼れるか

資源調達について日本や欧州がいざというときに頼りにできるのは、石油、天然ガスの世界最大の生産国・米国である。しかし、米国を資源調達の頼みの綱にできるかについては懸念が残る。EUは2022年3月に米国と、ロシアから輸入していた天然ガスの3分の1を米国からの輸入に置き換えると合意した。米国による画期的な支援だが、それでもロシア依存からの完全脱却は難しい。

資源大国の米国でもウクライナ侵攻で天然ガスの価格が急上昇している。2010年代に入ってシェールガスの開発が進み、国産の天然ガスをパイプライン経由で（液化のためのコストを払わずに）低価格で利用することに慣れてしまった米国の国民は混乱している。米国の産業界は、バイデン政権に対して天然ガスの輸出を制限すべきと求めており、連邦議会議員からも輸出を制限する声が上がっている。石油価格も急騰している。世界で最も自動車の依存度が高く、ひとり当たりのエネルギー消費量が大きい米国の国民は、エネルギー価格に対して敏感だ。政治家もそれに反応する。

トランプ政権時代、世界は自由主義陣営の利益より自国の利益を優先する米国の本性を見せつけられた。ウクライナ侵攻による資源価格急騰でも同じことが起こっているのだ。共和党に比べて国際協調を重視すると思われていた民主党政権下でも、自国経済や国民生活に危機を感じたときの米国の優先順位は変わらない。国際協調を重視するバイデン政権ですらこうなのだから、次期選挙で共和党政権が誕生した場合、アメリカファースト（米国第一主義）の姿勢が一層強くなるのは目に見えている。日本やEUは、ロシアとの対立のなかで米国にどこまで頼れるのかを模索している。

化石燃料の適切なフェードアウト

ロシアの天然ガス市場との線引き以上に難しいのは、化石燃料をどのようにフェードアウトさせるかだ。各国のエネルギー計画によれば、2030年の段階では、かなりの量の化石燃料が残っているが、2050年までに大幅に減少する。つまり、これから40年弱の間に火力発電所の多くが稼働を停止する。同じように、世界中の炭鉱、油田、ガス田が採掘を中止し、稼働を停止することになる。しかし、日本などではCCS付きの火力発電が残るので、世界的には2050年以降も火力発電設備も炭鉱、油田、ガス田もある程度維持していかなくてはならない。

こうした状況を慎重に捉えれば、建設から30年稼働する火力発電所に投資する企業も、技術開発投資をしようとする企業もいなくなる。同じように、ガソリン車がEVに代わっていくことがもっと明らかになれば、ガソリン車に投資する企業はいなくなるが、自動車とエネルギーインフラでは社会に与える影響が違う。自動車の場合、多少の不便はあっても、ＥＶはガソリン車をほぼ代替できるから、移行の過程で大きな社会不安が起こるようなことは避けられるかもしれない。しかし、エネルギーの場合、今のところ再生可能エネルギーは変動調整が必要だから、化石燃料を完全に代替できない。

次章で示すように、２０５０年に電力の3分の2を太陽光発電と風力発電で賄うようになるまでには、送電システムの制御機能の進化や蓄電池の増設などによって安定した電力基盤がつくられるのだろう。しかし、それに至るまでの過程においては、再生可能エネルギーの不安定さを補完するために火力発電は欠かせない。にもかかわらず、これから30年以上もの間、火力発電に投資する事業者がおらず、古くなった火力発電所を維持するための技術が継承されず、炭鉱、油田、ガス田がいつ閉鎖されるかわからなくなったら、世界中で電力システムが不安定化する。社会の電力依存は今後も高まっていくから、電力システムが不安定になると社会が混乱する。

こうした事態を避けるためには、火力発電設備、炭鉱、油田、ガス田の計画的なフェードアウトが必要だ。各国が協調して、火力発電設備と設備を運営維持管理するための技術、炭鉱、油田、ガス田を維持し、計画的に閉鎖していくのである。欧米がロシアと協調できないというのであれば、協調できる国の間で計画を作り実行していく。

計画的な撤退

ここでイメージできるのは、世界各国の間の自由な取引や民間による自由な投資ではない。国の計画的な管理のもとで行われる電力システムというインフラの維持と計画的な撤退である。それをいかに効率的に行うかが問われるわけだが、民間の自由な投資に拘ることが必ずしも効率的なインフラの維持と撤退につながるわけではない。電源入札は、大手電力会社の電力供給の義務がなくなるなかで電源を維持するための制度だ。いざというときの電源、言い換えると稼働率の低い電源を競争調達することを目的にした制度だが、必ずしも効率的な価格で調達できていない。

２０５０年に向けて民間企業が火力発電への投資を絞るなか、こうした制度で国民が安心できるだけの発電所を調達できるのだろうか。電源入札が機能するためには、きちんと整備された余力のある発電所が十分に存在することが必要だ。稼働できる十分な数の発電所がない、老朽化して維持管理が不十分な発電所がほとんどという状態では、頼りになる電源は調達できない。２０５０年に向けた火力発電のフェードアウトのためには、炭鉱、油田、ガス田の維持と計画的な規模の縮小、火力発電設備の計画的な容量の維持と適切な更新を各国政府が関与して行うべきだ。例えば、国などが発電所やガス田を所有し、民間企業に運営を委託するような枠組みだ。競争メカニズムによる効率化を考えるのであれば、発電所やガス田の調達や運営を委託するフェーズで民間企業に競争してもらえばよい。いずれにしても、市場の縮小が確実な火力発電市場では、自由競争に過度に依存せず、政府が踏み込んだ新たな枠組みと、それを効率的に実施するための発想力と実行力が求められている。

電力危機に見舞われた東京

２０２２年３月、東京電力管内と東北電力管内に電力ひっ迫注警報が発令された。東北地方で起こった地震による発電所の停止、送電線の機能低下に真冬並みの寒さ、太陽光発電の発電量の低下が加わったことが原因とされる。続いて、２０２２年夏と２０２３年にかけての電力需給の見通しが発表された。それによると、東京電力管内、東北電力管内では、夏場の電力の予備率が厳しい状況となり、冬場は全国ほとんどの管内で、さらに厳しい状況となる可能性があるとされた。

それを受けたように、２０２２年６月、日本は異例の猛暑に見舞われ、政府は東京管内に電力ひっ迫注意報を発令した。このときは、２０１０年３月の東日本大震災以来の火力発電所の停止に、本格的な夏場を前にした点検による火力発電所の停止、猛暑による電力需要の急増が原因とされた。太陽光発電の発電量が低下する一方で、オフィスや商業施設では、エアコンなどによる電力消費が落ちず、家庭での電力需要が増え始める17時前後に、電力の予備率が３％

を切る事態が頻発した。２０２２年3月の電力危機から3カ月を経た6月に成す術もなく、発電の停止と予想外の電力需要の増加という相似形の危機に見舞われたのである。

政府は、さらに厳しい電力危機が予想される冬場に向け、電力会社側に発電能力の確保を求める一方で、企業、国民に節電、節エネルギーを求めている。インフラの信頼性の低下を日本が世界に誇る国民と企業の協力姿勢で補おうという構造問題が続いている。

今回の電力危機の中身を見ると、前述した4つの変数に呪縛された先進国の電力システムの縮図ともいえる日本の電力システムの問題が見て取れる。

一つ目の問題は、太陽光に偏重し過ぎた再生可能エネルギーの導入だ。２０２２年6月の電力ひっ迫注意報の間、東京電力管内では、太陽光発電の発電規模が連日１０００万キロワットを超えていた。大型原子力発電所10基分にも相当する電力が夜に向かってゼロになるという太陽光発電に依存した電力システムの恐ろしさが浮き彫りになったのである。原子力発電所10基分にも相当する太陽光発電の発電量を毎日確実に補完するのは、容易ではない。欧米や中国では、風力発電が再生可能エネルギーの中心になってきたため、こうした事態は比較的起こりにくい。日本でも千葉県の沖合で大規模な洋上風力発電の開発を進めているから、２０３０年代には、今回のような事態は起こりにくくなる傾向にある。しかし、問題が解消されるわけではない。日本の夏の夕方には、凪と呼ばれる風が弱くなる時間がある。千葉県では、風が弱くなって水面が安定する夕方を狙ってサーファーが海に繰り出すのが普通だ。電力需要が増え、太陽光発電の発電量が落ちる夕方に風力発電が絶対的な支えになるとは言い切れない。

今回の電力危機が最悪の状況下で起こったわけではないという理解も必要だ。２０２２年の梅雨は観測史上最も早く明けたが、春に雨が多かったこともあり、同年の夏、東京が渇水状態に陥ることはなかった。関東地方最大の水がめである八木沢ダム（群馬県みなかみ町）の貯水率は、同年6月時点で90％前後に達していた。電力会社の水力発電も水不足で発電ができない状態ではなかった。一方で、電力ひっ迫注意報が出ていた期間の予備率の推移を見ると、太陽光発電の発電量がピークとなる昼間でも予備率は低くなっており、運営側による平準化の努力が行われたことが見て取れる。揚水発電も貢献したはずだ。

東京電力は、全電源に対して10％程度の規模の水力発電を持っているので、もし今回のような猛暑に渇水が加わったら、東京電力管内は電力が足りなくなっていた可能性が高い。昼から夜にかけて原子力発電所10基分の電力が消え失せる太陽光発電、凪が来たら頼りにならない風力発電、渇水リスクを抱える水力発電など、今回のような電力危機を経験すると再生可能エネルギーを中心としたエネルギーシステムで産業活動、国民生活を守り抜くのは、容易ではないことがわかる。

（表1－1）電力ひっ迫時に停止していた火力発電所

発電所名	電力会社	出力	運転開始時期
姉ヶ崎5号機	JERA（東京電力）	60万kW	1977年
知多5号機	JERA（中部電力）	70万kW	1978年
勿来8号機	常磐共同火力	60万kW	1983年
東扇島1号機	JERA（東京電力）	100万kW	1987年
鹿島7号機	JERA（東京電力）	42万kW	2014年
勿来IGCC	勿来IGCCパワー	52.5万kW	2021年

出所：各種資料から筆者作成

自由化により失った電力の余裕

もうひとつ注目すべきなのは、電力システムの余裕が少なくなっていることだ。電力ひっ迫注意報の間、太陽光発電の発電規模が1000万キロワット、原子力発電所10基分を超える昼間ですら予備率は数％程度にとどまっていた。火力発電所が停止していたため、供給力が不足していたことも大きな理由だが、その火力発電所も稼働期間が30年を超える設備がいくつもある。

新潟県にある柏崎刈羽原子力発電所の復帰を期待している東京電力として、火力発電所を新設することに慎重にならざるを得ないのは理解できる。しかし、柏崎刈羽原子力発電所については、再稼働に向けた努力が続けられているものの、東日本大震災からすでに11年が経過した今でも、稼働開始の具体的なスケジュールが見えない状況が続いているのも事実だ。その間に火力発電所は10年以上老朽化し、再生可能エネルギーのシェアは着実に増え、気候変動による極端な天候の頻度は上がった。原子力発電所の復帰を期待している間に、供給力不足のリスクは確実に高まっているのだ。

２０５０年のカーボンニュートラルに向け、火力発電所の新設には懸念の声がある。しかし、前述したように、エネルギー供給のリスクを抱える再生可能エネルギーを増やしつつエネルギーセキュリティを守るため、日本にとって最も確実で現実的な手段が火力発電なのは動かしようがない事実である。原子力発電の復帰への期待や、脱炭素へのプロセスの拘りで、いつまでも老朽化し、民間が投資意欲を失った火力発電所に頼っていてよいはずがない。期待値先行の綱渡りのような体制は、国民や企業が安心して使える環境を提供するという電力政策の根本を見失っている。

東京圏での電力ひっ迫は日本の縮図

電力事業が地域独占体制であった時代、電力会社は、独占的な権利が与えられた管内で電力需要を予測し、十分に余力のある発電設備を整備した。独占的な権利への政策的な最大の対価は電力の安定供給だから、電力会社は間違っても電力が不足することのないように発電所を整備した。そのため、発電所の稼働率は低下傾向となりコストが嵩んだが、嵩んだコストは総括原価方式で電気料金に上乗せすることができた。

当時、電力価格は今より２、３割高く、電力会社は監督官庁である経済産業省の人事に口出しするほどの権勢を誇っていた。筆者を含めてエネルギーに関わってきた人たちで、電力市場があの頃に戻ればよいと思う人たちは少ないだろう。しかし、地域独占の時代の東京電力であれば、たとえ原子力発電所が止まっていても、確実に電力を送れるだけの発電機能を整備していたかもしれない。

東京電力の火力発電所は、２０１９年にＪＥＲＡに移管された。ＪＥＲＡは、火力発電で圧倒的なシェアを誇る企業だが、福島第一原子力発電所の事故以来、発電設備を新設するための資金の捻出に窮してきた東京電力の歴史を引き継いだ面もある。その意味で東京管内は、他の地域にはない特殊事情を抱える。しかし、程度の差はあれ、自由化のもとでの厳しい競争、電力需要の減少、再生可能エネルギーの大量導入で、火力発電への投資が難しいのは、他の電力会社も同じだ。今般の東京圏での電力ひっ迫は、日本の電力システムが置かれた状況の縮図といえるのである。

脱炭素と自由化の本音を語る

昨今の暑さは、筆者が子供の頃と明らかに違う。気候変動で平均気温が２℃上がれば、それこそ生命の危機を感じるような事態が今よりずっと多くなるのは間違いない。事態を少しでも好転させるために脱炭素が待ったなしであり、再生可能エネルギーの大量導入が必要なことは誰も否定しない。しかし、今回の東京圏での電力ひっ迫のような事態を経験すると、再生可能エネルギー主体の時代は、決してバラ色の時代ではないことがわかる。再生可能エネルギー積極導入派の人たちは、そのことを正直に伝えていない。化石燃料をふんだんに使えた時代と比べると、再生可能エネルギーが中心となる時代の電力システムのセキュリティは落ちざるを得ない。それを防げるというなら、具体的な数字で証明し、セキュリティを下げないために、どのくらいのコストがかかるのかを説明しないといけない。それが、再生可能エネルギーの大量導入を主張する人たちに求められる良心という時代になった。

自由化にしても同じことがいえる。自由化によって日本では電力価格が下がったが、エネルギーセキュリティは落ちた。こういうとき、自由化論者は、決まり文句のように「それは自由化や競争が徹底していないからだ」と言ってきた。しかし、そもそも理想的な競争状態というものは存立し得るのか。自由化後に市場が寡占化するのであれば、自由化は市場の勢力図を変えたに過ぎない。逆に、過度の競争が続き、企業が疲弊するようなら適切な投資ができなくなるかもしれない。政策で理想的な競争状態をつくり出し、それを持続することは至難の業なのだ。自由化についてもそうしたことをきちんと説明しないといけない時代だ。

エネルギーの世界では、「脱炭素」、「自由化」、「グローバル化」、「エネルギーセキュリティ」に関わる陣営がバラバラになって各々の主張できる時代は終わった。本書の本題は、

2050年に向けた日本の再生可能エネルギーのあるべき姿を提示することだが、そのためには、本章で述べた電力システムの置かれた現状を把握しておくことが必要だ。

第2章

世界が目指すエネルギー自立

（1）エネルギー国産化

国産化とは何か

エネルギーセキュリティを確保するために必要となるのは、過度にグローバル市場に頼らないエネルギーシステムをどのように構築するかである。日本のようにエネルギー資源のほとんどを海外に頼ってきた国にとっては、エネルギーの国産化をいかに進めるかが重要なテーマとなる。そこで、まずエネルギーの国産化とは何かを考えてみよう。

国産エネルギーとは、一次エネルギーが国内で取得できるものを指す。また、海外から輸入された一次エネルギーであっても、長期間海外から資源を輸入しなくてもエネルギーが利用できるものは、海外への資源依存度が低い準国産エネルギーとして位置付けられている。

そうした理解から、日本における国産エネルギーの代表は、水力、太陽光、風力、バイオマス、地熱、さらに、石炭、一部の天然ガスや石油などがある。準国産エネルギーとしては、エネルギー密度が高く、燃料の長期保存が可能で再生利用もできる原子力が位置付けられる。

国産エネルギーには、フロー系とストック系がある。再生可能エネルギーはフロー系が多く、全地球システムに対して外部エネルギーに位置付けられる太陽光、水や大気の循環によって生じる水力や風力などがある。ストック系には、石炭や石油、天然ガスといった化石燃料、原子力、バイオマスなどの一部の再生可能エネルギーがある。ストックには限りがあり、フローのほうが、持続可能性が高いと考えることができる。バイオマスは、長期的には持続可能な燃料であるが、行き過ぎた伐採を行うと短期的にストックとしての性質が強くなる。バイオマスのストック化は、歴史的に都市の破滅を招いた要因ともなった。

国産エネルギーは、できる限り持続可能であることが求められるが、産業革命以来、エネルギー需要の拡大に伴ってストック系の化石燃料への依存が進んだ。過度のストック系エネルギーへの依存は、エネルギーの長期的なリスクを高めるが、エネルギー源の多様性により補ってきた。エネルギーセキュリティを高めるには、一定程度ストック系エネルギーを確保することも必要だ。

化石燃料の可採年数は、石油と天然ガスで50年、ウランが120年、石炭が130年程度とされる。エネルギーセキュリティの観点から再生可能エネルギーを中心とした新たなエネルギーシステムが安定状態に移行するまでの期間を乗り越えるための過渡的な準国産エネルギーという意味で、ストック系エネルギーの賦存期間は十分長い。本格的な国産化を目指すための橋渡しとして有効なエネルギーと捉えることができる。

日本の国産ストック系エネルギーの現状

こうした視点で、改めて日本の国産ストック系エネルギーを見てみよう。

日本の国産ストック系エネルギーの生産量は、石炭が約100万トン（石炭需要の0・5％）、天然ガスが25億立方メートル（天然ガス需要の2・3％）、石油が約50万キロリットル（石油需要の0・2％）と、わずかである。

一方、コストが高く利用量が減っているが、国産石炭は約3億6000万トンの可採埋蔵量があるといわれる。計算上は2年弱、石炭需要を賄える量だ。エネルギー危機の際には、こうしたエネルギーの有効活用も考えないといけない。

天然ガスは、可採埋蔵量が約4000億立方メートルあるといわれ、計算上は天然ガス需要を約4年維持できる。ただし、主な埋蔵場所が南関東のため、地盤沈下などの懸念により急激に採掘量を増加させることができないので、エネルギーシステムを維持するために有効な国産エネルギーとはいえない。希望があるとすれば、日本近海にも豊富に賦存するといわれ、「燃える氷」と呼ばれるメタンハイドレート（メタン水和物）だ。

石油の可採埋蔵量は約545万立方メートル程度とされ、石油需要の1週間程度しか賄えない。一方で、備蓄基地には8カ月程度の需要を賄える石油が備蓄されている。国産エネルギーとはいえないが、備蓄によって海外からの調達リスクを軽減したエネルギーとなっている。ただし、1年にも満たない備蓄では、「海外依存しないエネルギー」とはいえない。

これに対して、国内のウラン埋蔵量は約6600トンといわれ、将来、原子力発電が電力需要の10%を担ったとしても、計算上は2年程度需要を賄えることになる。さらに、核燃料は、一度使い始めると1年程度継続して利用できるので、その分、長期利用可能な燃料ということができる。ウラン濃縮などの前処理工程にある燃料も備蓄燃料に含めると、5年程度運転を維持できる。石油のように燃料基地を設けてはいないが、こうした効果によって比較的長期間運転を維持することができるのである。石油のような備蓄を行えば、石油の備蓄量が8カ月分7000万トンであるのに対して、1万トン程度で5年間発電を維持することができる。以上すべてを足し合わせると合計で10年分の運転が可能ということになる。核燃料のリサイクルが実現されれば、10倍から20倍の期間運転が可能になる。このように、少量のウランをいったん備蓄すれば、ウラン鉱脈を持つのと同じくらい安定した燃料のストックができるため、原子力発電は準国産エネルギーに位置付けられている。

国産化の切り札「再生可能エネルギー」

ロシアのウクライナ侵攻により世界中でエネルギー国産化の動きが加速している。特に欧州では、ロシアへのエネルギー依存度の高いドイツ、英国などが国産化に向けて大きく舵を切る戦略を打ち出した。

ドイツは2022年4月6日、2035年までに全電力の再生可能エネルギー化を実現する計画を発表した。2030年の導入目標を陸上風力115ギガワット、洋上風力30ギガワット（2035年に40ギガワット、2045年に70ギガワット）、太陽光215ギガワットに引き上げた。そのために、政府が基金を設立して現状との価格差を埋める差金決済取引（CfD）手法を導入するなど、財政負担を厭わず喫緊のエネルギー安全危機を乗り切る決意だ。

英国も、2022年4月7日に「英国のエネルギー安全保障戦略」を発表した。英国のジョンソン首相（当時）は、訪問先の英国南西部のヒンクリーポイントC原子力発電所で、新戦略について「われわれは世界の原油や天然ガス価格の変化に左右されず、プーチンの脅しにも影響されてはならない」と説明した。2021年時点で約12ギガワットだった洋上風力発電の発電容量を2030年までに最大50ギガワットにする。太陽光発電は2035年をめどに現状の5倍の最大70ギガワットに拡大、水電解による水素生産は2030年までに当初計画の2倍に当たる10ギガワット導入する。これらの策によって、2030年までに英国の電力の95％が低炭素のエネルギーに置き換わるだけでなく48万人の雇用を創出できるとしている。

こうしたエネルギー政策の転換は国民負担を増加させる。しかし、暮らしへの影響があっても政府の方針を支持する声が多い。

日本のエネルギー価格高騰に関する世論調査（共同通信、２０２２年4月16～17日）では、回答者の73・７%が日本経済や暮らしに影響が広がったとしてもロシアへの経済制裁を続けるべきと回答している。米国の世論調査（ＣＢＳ、２０２２年３月８～11日）でも、回答者の63%が、ガソリン価格が高騰してもロシアからの石油ガス輸入禁止を支持すると回答している。

こうした流れを受け、日本政府も脱炭素の姿勢を鮮明にしている。

岸田首相は２０２２年３月23日、「経済財政運営と改革の基本方針を話し合う経済財政諮問会議」で、ウクライナ情勢を踏まえて「エネルギー価格の上昇というピンチにある今こそ、脱炭素の取り組みを一気に進めるチャンスへと転換すべきだ」と語った。

エネルギーの国産化が急務であることは間違いないが、財政負担を伴ううえ、リスクもある。実施にあたっては、エネルギーの実用性やリスクを踏まえた方策を検討していく必要がある。

国産化の現状

世界のエネルギー国産化の状況を見てみよう。主要なＯＥＣＤ加盟国のエネルギー自給率で１００%を超えているのはノルウェー、豪州、カナダの３カ国だけである。全体で見ると、石炭、原油、天然ガスが中心で水力や再生可能エネルギーの割合は少ない。

これまで国産エネルギー比率の高い国といえば、化石燃料の豊富な国を意味していたが、こ

（図２－１）日本の発電の電源構成（2020年）

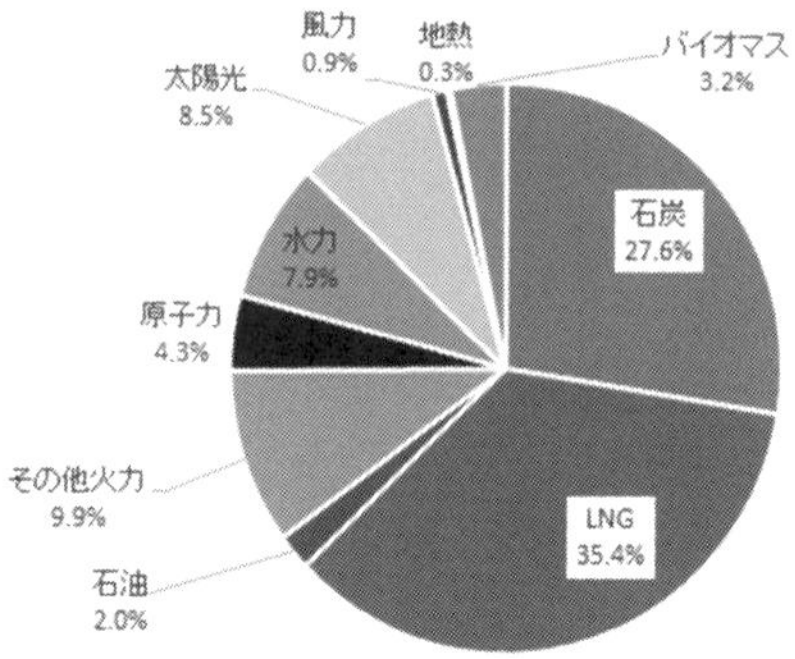

出所：環境エネルギー政策研究所「2020年の自然エネルギー電力の割合（暦年速報）」

れからは脱炭素も同時に進めていかないといけない。

そこで欠かせないのが水力、太陽光、風力、バイオマス、地熱などの再生可能エネルギー、準国産エネルギーの原子力となる。

日本の電源構成を図2-1に示す。このうち、国産エネルギーといえるのは、太陽光8・5％、水力7・9％、バイオマス3・2％、風力0・86％、地熱0・25％、準国産エネルギーである原子力4・3％を加えても24・3％に過ぎない。一次エネルギーを大量に使う火力発電の発電効率を50％程度とすると、一次エネルギーに占める国産エネルギー比率は11・8％と半減する。

脱炭素とエネルギーの国産化を同時に進めるに当たって、改めて再生可能エネルギーなどの特性を把握しよう。

①水力発電——気候変動の影響が高まる水力発電

水力発電が伸びる中国

日本では、水力発電は太陽光発電に次ぐ再生可能エネルギーである。国内で電力導入が本格化した1900年代初頭には主力電源だったこともある。

世界的に見ると、水力発電の上位は、中国、ブラジル、カナダ、米国、ロシアと国土面積が広く、大河のある国が占める。

世界の30％を占めるのが中国で、今でも水力発電が急成長している唯一の国である。2012年に約250ギガワットであった発電規模は、2021年には390ギガワットと、この10年で6割近く増加した。経済成長に伴う電力需要の拡大に対応するため、政府が未開拓だった河川の水力発電開発を加速したからだ。

他のOECD加盟国では、電力普及の初期の段階から開発されてきたことから、新規の開発は伸び悩んでいる。水力発電の開発が進みにくいのは、効率的な発電を行うための水位が深く容量も大きなダムを建設する場所が限られていることに加え、仮に適地があったとしても、広大な土地を確保し、土地の関係者から合意を得るために大変な労力と資金がかかるからだ。経済のスピードが速まったことで、時間と手間がかかり、キロワット当たりの開発コストの高い

(図２－２)水力発電の導入状況

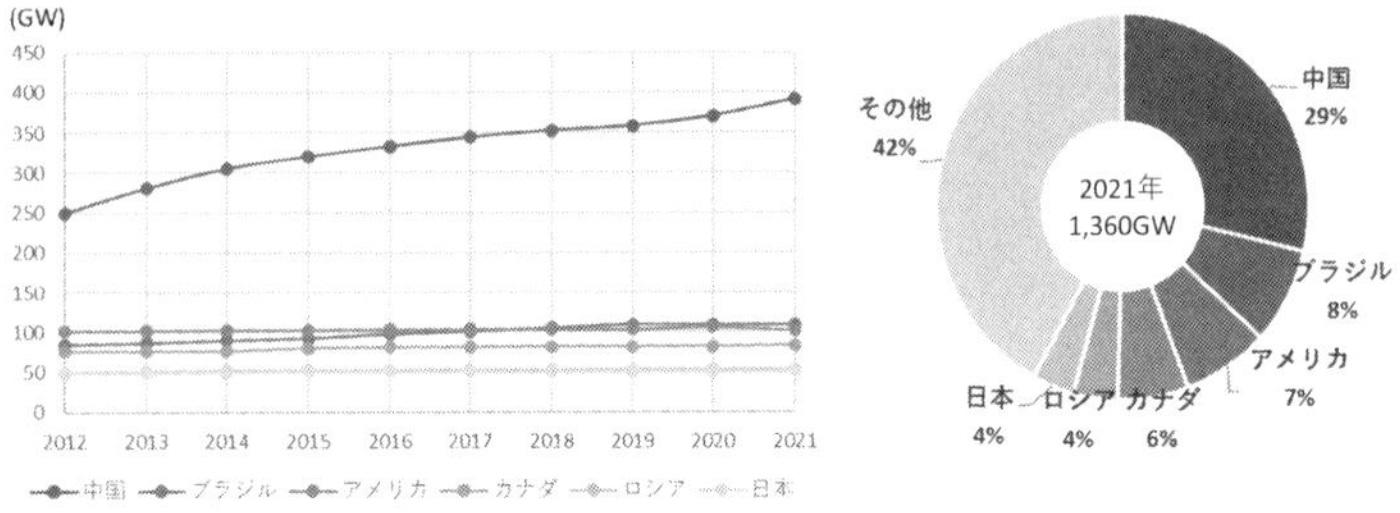

出所：「IRENA_RE_Capacity_Statistics_2022」を基に筆者作成

水力発電の優先順位が下がったという理由もある。

水資源や環境面の問題もある。河川の流量を減らすなどして特定の地点の水量を増やせば、水力発電の規模を上げることはできるが、下流域での水不足などの問題が発生する。広いエリアの水位が変わることで塩害などの問題を起こす場合もある。大陸で複数の国をまたぐ河川でダムを建設する場合には、こうした問題が顕在化する。水力発電は、太陽光発電や風力発電に比べて急速な積み増しが難しいフロー型再生可能エネルギーなのである。

最近になって顕在化しているのが水力発電に対する気候変動の影響だ。

２０２０年、中国の雲南省では、干ばつにより水力発電量が同年1~5月に30%近く減り、年間で約10%落ち込んだ。雲南省は、中国の水力発電総量の約4分の1を占め、省内には電力消費量の多いアルミニウム精錬企業などが集結している。雲南省政府は、水力発電量の低下により金属メーカーの電力使用を制限せざるを得なくなった。

気候変動が雲南省の水力発電に与える影響を調べてみると、2020年10月~2021年4月の乾季に雨や雪解け水の量が減り、夏の雨季の水量が増えていることがわかった。こうした変動の影響を減らすには、乾季でもダムに十分な水量を確保することが必要となる。

しかし、そうすると乾季に下流域での水不足引き起こすリスクが高まる。雲南省のメコン川上流には巨大なダムがあり、下流のタイ、カンボジア、ミャンマーの水源に影響を与えているとされる。

米国の調査は、メコン川の下流の水位が下がったのは上流にある中国のダムによって河川の流れが妨げられたためと結論付けた。米国がメコン川流域の東南アジア5カ国とつくった「メコン・米国パートナーシップ」の2020年9月の初会合では、ポンペオ国務長官（当時）が中国を批判する声明を出した。

停滞する先進国

その米国でも、カリフォルニア州のオロビル湖にある75万キロワットの水力発電所が2021年8月、水位低下のために1967年の操業開始後初めて稼働停止に追い込まれた。同州のセントラル・バレー・プロジェクトで最大の貯水池であるシャスタ湖の発電所でも、発電量が例年より30％ほど減少した。また、ネバダ州とアリゾナ州の境を流れるコロラド川のフーバーダムでも、２０２１年7月は２００万キロワットの水力発電所の発電量が25％程度減少した。

カリフォルニア州では、水力発電の落ち込みなどで電力供給がひっ迫し、積極的に脱炭素を推進してきたギャビン・ニューサム州知事も２０２１年7月、企業などにディーゼル発電機の使用を容認せざるを得なくなった。港では、停泊中の船舶が送電網から受電する代わりにディーゼル発電機を使用することを認め、天然ガス発電所の燃料使用量に対する制限も解除した。電力ひっ迫に際して火力発電の再開を認めるのは、ウクライナ侵攻でドイツが石炭火力を復活したのと同じ動きだ。環境保護団体は、こうした動きは大気を汚染し、気候変動対策の取り組みを損なうと批判している。

南半球のブラジルでも２０２１年、干ばつの影響で水力発電ダムへの流入量が91年ぶりの低水準に落ち込んだ。

水力が全電力の61％を占めるブラジルでは、水力発電の発電量の減少を補うため、天然ガス火力発電の稼働を計画するのと同時に、送電線の建設、太陽光や風力の導入拡大などを進める方針だ。干ばつの影響で２０２１年7月には、電気料金が52％引き上げられた。

ブラジル政府の災害監視センターの気候学者であるホセ・マレンゴ氏は、「気候変動により、

（図２－３）世界の水力発電の発電規模

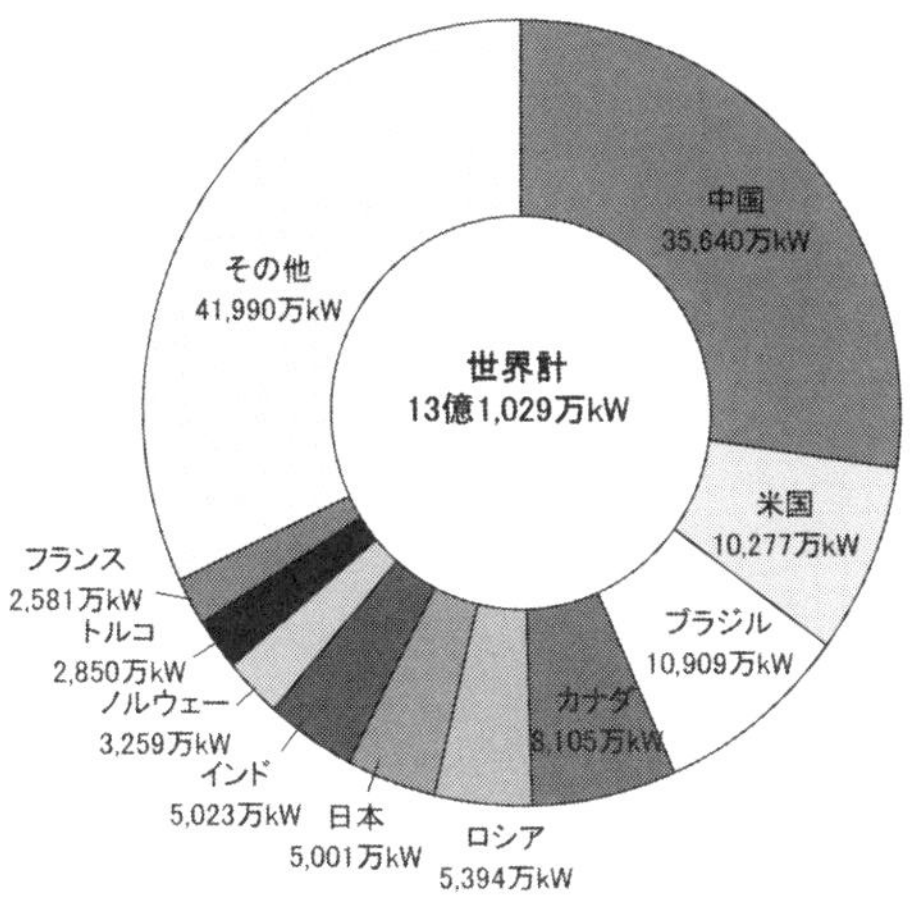

出所：経済産業省資源エネルギー庁『エネルギー白書2021』

今回の深刻な干ばつのような異常気象がますます頻繁に起こるようになる。国民は水資源に対する考え方を変えるべきだ」、「水は無限にあると思ってきたが、本当は違うのだ」と語った。

日本の水力発電は発電規模（キロワット）では6位であるのに、発電量（キロワット時）で世界9位にとどまっている。設備規模が同じロシア、インドに比べて発電量は半分以下だ。海外に比べると、日本の水力発電は現状の2倍程度の潜在力を持っていることになる。

この原因は、発電用ダムだけではなく、治水ダムにも発電設備が付いているからだ。治水ダムは、治水を優先してダムを運用するのでどうしても稼働率が低くなる。逆にいうと、これをうまく使う方法を見いだせば、日本の水力発電には拡大余地があることになる。
そのためには、流域の水利用の効率化や治水対策の改善が必要になる。水力発電の拡大のためには水利用、水害対策などと連携した総合的な対策が求められている。

②風力発電——拡大する洋上風力

世界で急速に拡大している再生可能エネルギーが風力発電である。水力とは打って変わり世界中で風力発電の導入競争が繰り広げられている。世界の風力発電のシェアは、中国35%、米国17%、ドイツ10%と上位3カ国で60%以上を占める。これに対して日本は19位、中国の50分の1にとどまっている。

ドイツでは2000年頃、米国は2005年頃、中国は2010年頃から風力発電の導入量が増加し、最近では中国の増加率が最も大きくなっている。

こうした風力発電の導入拡大の最も大きな要因は、風力発電設備のコストダウンが進み、採算性の上がった風力発電事業への投資が進んだことである。

この10年ほどで陸上風力発電のコストが半減、洋上風力発電は3分の1に低下した。
日本の陸上風力発電のコストは世界平均の3倍程度と高いが、世界的に見ると、火力発電よ

（図２－４）風力発電の導入状況

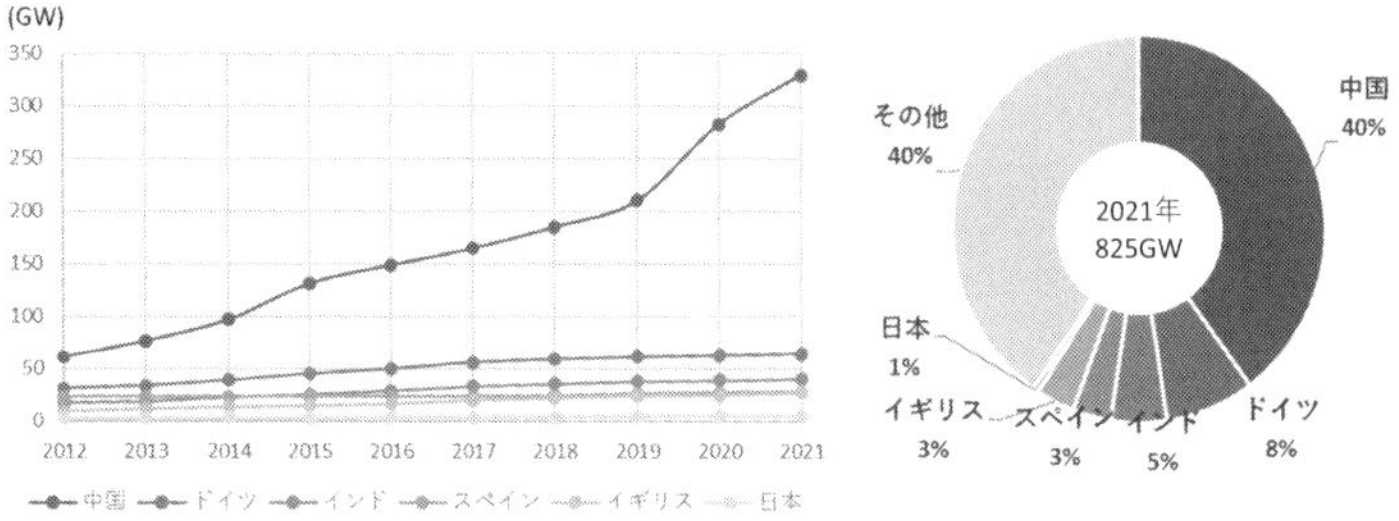

出所：「IRENA_RE_Capacity_Statistics_2022」を基に筆者作成

り安価な電力となっている地域も少なくない。

コストダウンの主な要因は、風力発電設備の大型化である。２０１０年には、最大で発電能力３メガワット、ロータ径が90メートルであったものが、２０１９年には、10メガワット、１７４メートルと大型化した。発電能力はロータ径の２乗に比例するので、大型化の効果は大きい。また、大型化には、上空にいくほど風速が速いという効果もある。

シミュレーションや風況予測技術、レーダー技術、発電機の小型・高効率化という人工知能（ＡＩ）・モノのインターネット（ＩｏＴ）・制御、さらには新材料といった技術革新が貢献していることも風力発電の特徴だ。

この1、2年で、着床式洋上風力発電のさらなる大型化が進んでいる。ベスタス社の最新機種は発電能力が15メガワット、ロータ径が２３６メートルという巨大さだ。10年前に比べてロータ径が2・4倍、受風面積が5倍になり、発電能力も5倍に拡大している。

（図２－５）風力発電のコスト推移

（洋上風力発電）

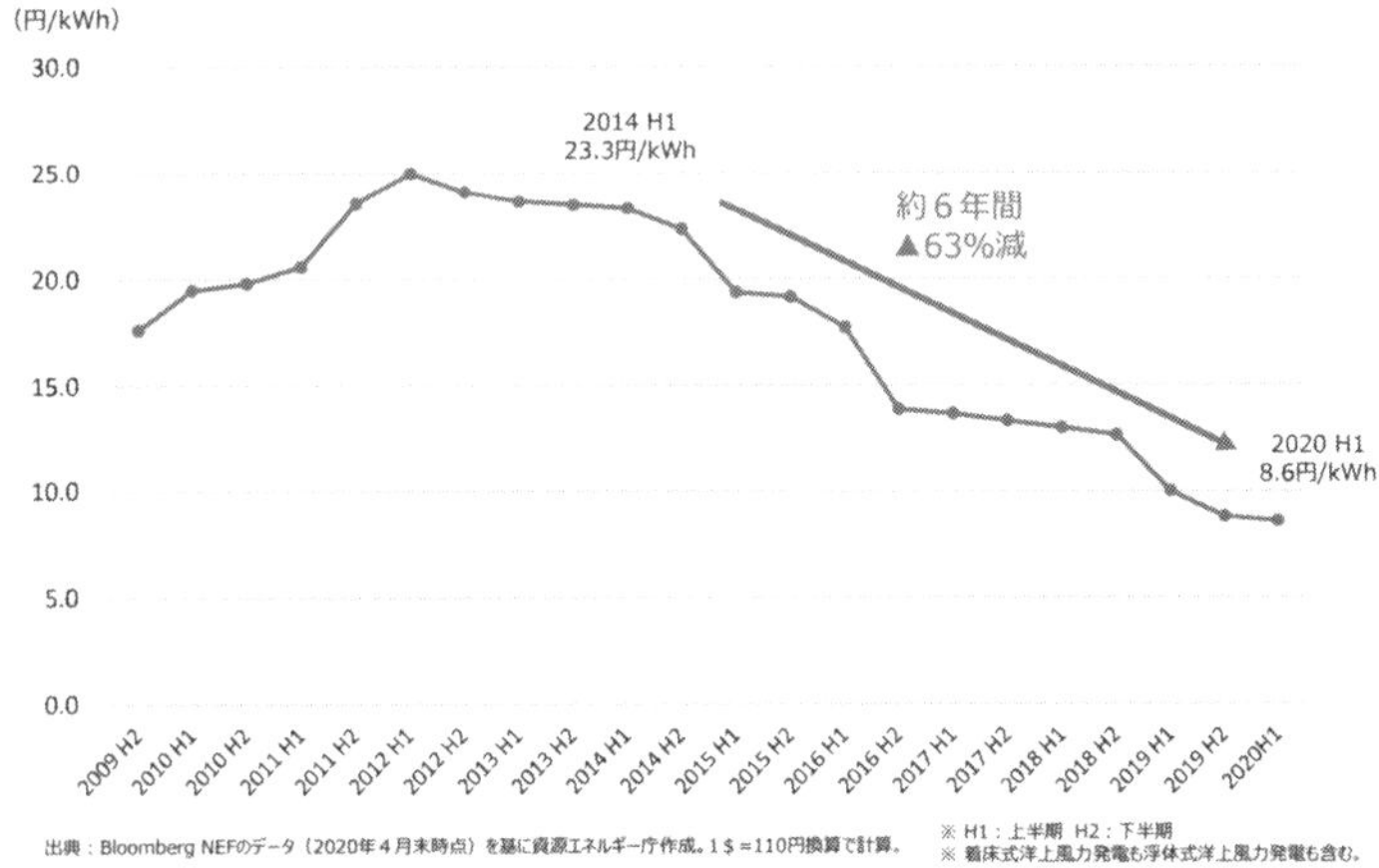

出典：Bloomberg NEFのデータ（2020年４月末時点）を基に資源エネルギー庁作成。1＄＝110円換算で計算。
※ H1：上半期 H2：下半期
※ 着床式洋上風力発電も浮体式洋上風力発電も含む。

（陸上風力発電）

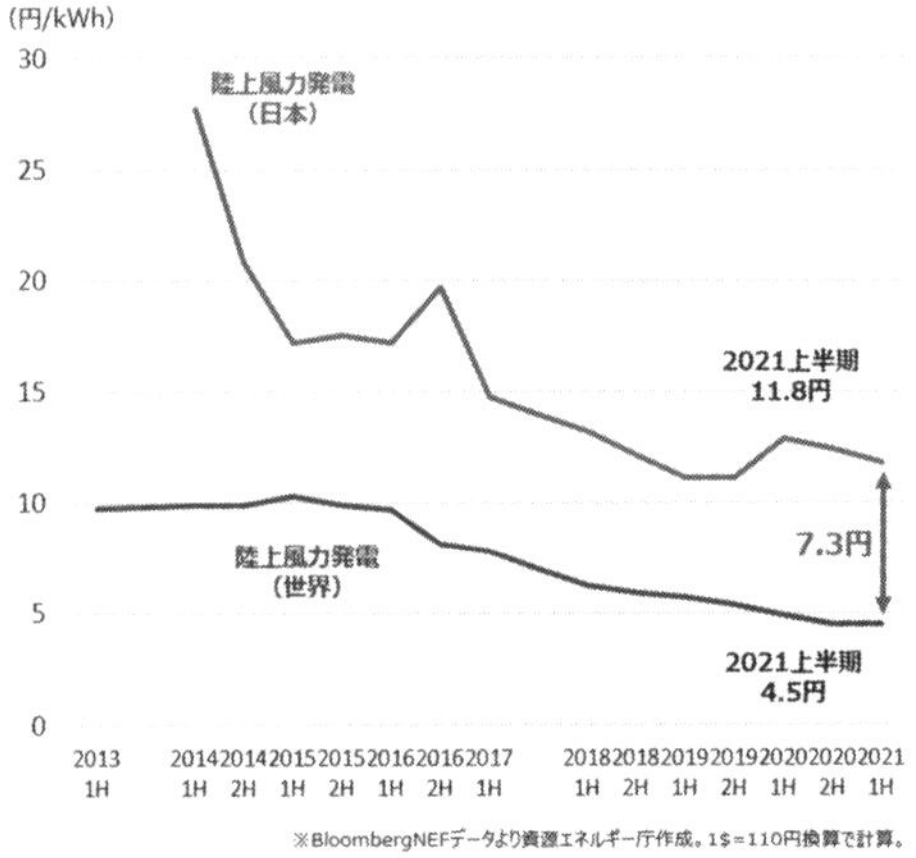

※BloombergNEFデータより資源エネルギー庁作成。1$=110円換算で計算。

出所：経済産業省資源エネルギー庁ホームページ

（図２－６）洋上風力発電の大型化の推移

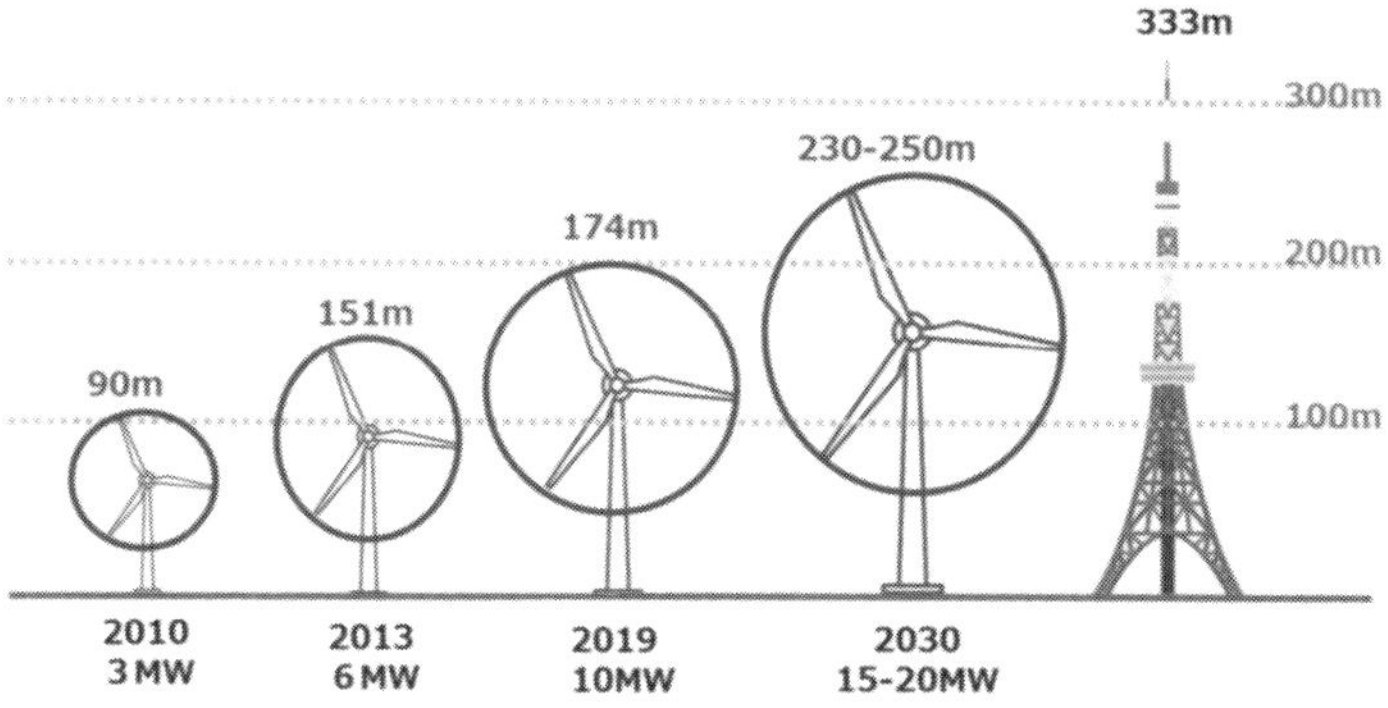

【出典】「IEA(2019) Offshore Wind Outlook」及び「MHIヴェスタス提供資料」より資源エネルギー庁作成

出所：経済産業省資源エネルギー庁ホームページ

大型化を実現するには、巨大構造物の製造、運搬、組み立て、設置までを効率的に行う必要がある。陸上風力発電では、巨大構造物を輸送する経路の確保がボトルネックになりやすい。洋上風力発電では、経路の問題が比較的少ないが、大型化による建設コストの増大をどう吸収するかが課題になる。ベスタス社では、発電機の大型化・高効率化により設備容量当たりのコストを抑えることに加え、海岸沿いの工場で生産し、そのまま洋上輸送、設置することで建設コスト増加を抑え込みコストダウンを実現した。

陸上風力発電では、こうしたコストダウンは難しい。山間地など設置コストが大きい地域では導入が進みにくく、大規模設備の適地はわずかとなっている。こうして世界的に着床式洋上風力発電が主戦場となっている。

風力発電の導入量のシェアには、地政学的な理由も影響している。風力発電は、定常的に同じ方向の強い風が吹く地域で効率が高くなり、そうでない地域で効率を高めるのは限界がある。風力発電導入の上位国は、いずれも安定した偏西風が吹く地域を擁している。

洋上を目指す風力発電主要国

世界最大の風力発電導入国である中国では、偏西風に恵まれた西部の乾燥地帯に大規模なウィンドファームが整備されている。その中国でも最近は、洋上風量発電が急拡大している。金風科技は、売上高の8割近くを風力発電機の販売が占める風力発電機の中国最大手だが、この1年で小型の風力発電機の販売台数が6〜8割減少し、大型が2〜3倍に増加した。風力発電所の新規建設の中心が陸上から洋上へと移ったためである。

背景には、中国政府の補助金政策の影響もある。2021年に陸上風力発電所の新設プロジェクトへの補助金が打ち切られ、洋上風力発電所に補助金が振り向けられることになった。こうした補助政策の方向転換もあり、90%以上が陸上風力発電所で洋上は8%程度しかなかった中国の風力発電が、2021年の新設分では陸上風力の設備容量が前年比半分以下に減少する一方で、洋上風力は前年の5・5倍に増加した。

世界第二の風力発電大国の米国でも洋上風力が拡大される見通しだ。2021年6月にニューヨーク湾に洋上風力発電開発区域を開設する計画を発表するなど、2030年までに洋上風力発電を30ギガワットに拡大することを計画している。

米国も中国と同様、偏西風に恵まれた中西部から南部にかけての平原で陸上風力発電の導入が進んだが、洋上風力のシェアは0・1%にとどまっていた。

米国で洋上風力が進まなかったのは、「ジョーンズ法」という船舶規制の影響もあったとされる。同法は、1920年に制定されたもので、米国内の輸送に供する船舶に国内の造船所での建造、米国船籍、米国人船員の配乗などを義務付けたものだ。

洋上風力発電のタービンの設置には専用船が必要となる。巨大なタービンの部材は1000トンを超えることもあり、専用のクレーンを搭載した船が必要になる。このような大型作業船は、世界的に見ても欧州に8隻あるだけで、ジョーンズ法によって欧州船籍の作業船を借りることができなかったというのだ。こうした状況に対処するため、バージニア州のドミニオン・エナジー社や造船会社などで大型作業船の建設が進んでいる。

国産エネルギーのうち風力発電が多い国は、英国、デンマーク、ドイツなどである。これらの国は、水深10～20メートルの大陸棚が広がる北海に面している。水深60メートル未満の海域を対象とする着床式の洋上風力発電にとって世界的にも稀な海域といえる。しかも、年間を通じて偏西風が同じ方角から平均風速10メートル／秒で吹き風況にも恵まれている。これらの国々が洋上風力で先行したのは、こうした自然資源よるところが大きい。

英国は、２０２０年11月に、２０３０年までの気候変動対策を強化するための「グリーン産業革命のための10項目の計画」を発表し、２０２１年４月には、２０３５年までに温室効果ガスを１９９０年比78％削減するという新たな目標を発表した。そのためのエネルギーの施策の筆頭が洋上風力であり、２０３０年までに現在の約４倍の40ギガワットを導入する目標を掲げた。このうち１ギガワットは浮体式洋上風力である。

向かい風を受ける風力発電

ドイツは、２０２０年時点で電力の約半分を再生可能エネルギーが占めているが、２０３０年までに65％を再生可能エネルギーで賄う計画を立てている。ここでも主役になるのが風力だ。２０２０年時点で３万基以上の風車が陸上と洋上で稼働し、総発電量に占める風力の割合は約26％に達し、石炭の約25％を上っている。２０３０年までに陸上風力を３割増、洋上を約2・5倍とするのが目標だが、ここ数年、設置数の伸びが落ち込んでいる。陸上風力では、２０１８年からの３年間の増加が約４ギガワットにとどまった。要因のひとつが、住民や動物保護団体などによる反対で建設許可が得られにくくなっていることである。

風車の回転で起きる低周波による健康被害に関して住民訴訟が起こり、全国で風車撤去などの事例が相次いでいる。これに対し、風車による健康被害の根拠に疑いを投げかける動きも出ている。

ドイツ連邦地球科学天然資源研究所（ＢＧＲ）は２０２１年４月末、「風車から出る低周波を過大評価していた」と風車による健康被害に疑いを投げかける根拠を発表した。これまでＢＧＲの研究は、風車による健康被害の根拠のひとつだった。当時、経済エネルギー大臣のアルトマイヤー氏は、「誤った数字が長年にわたり流布したことを大変申し訳なく思う」と謝罪し、「低周波の影響を心配してきた人が安心してくれることを願う」と語った。また、ドイツ風力エネルギー協会代表のウォルフラム・アクストヘルム氏は、「このテーマは非常に感情的になる」と指摘する。建設に納得しない人は、健康被害だけでなく、景観や生物保護など風車のあらゆる負の側面を指摘するという。同氏は、「感情的にならず、新しいエネルギーインフラを各地域でどのようにつくり上げるか、もっと議論しなければならない」と語った。

こうした動きがあっても反対は収まっていない。２０２２年1月には、再生可能エネルギー法が改正され、風力発電事業者が売電収入の一定割合を地元自治体に支払い、近隣住民に割引で電力供給する仕組みが導入されるなど、地域住民理解を得るための施策の導入が進みそうだ。

日本の洋上風力の行方

日本でも洋上風力発電の導入が始まった。２０１８年12月に「海洋再生可能エネルギー発電設備の整備に係る海域の利用の促進に関する法律」が成立し、漁業や海運業などの先行利用に支障を及ぼさないことが見込まれることなどの要件に適合した一般海域の区域内で、最大30年間の占用許可を得ることができるようになった。同法に基づき、２０２１年12月に秋田県の能代市、三種町、男鹿市沖の３地域での国内初の洋上風力の入札が行われた。いずれも、三菱商事のコンソーシアムが圧倒的な価格で落札し、国内洋上風力発電の新たな価格基準がつくられた。

三菱商事のコンソーシアムが落札した理由としては、アマゾン、ＮＴＴアノードエナジー、キリンホールディングスなどの再生可能エネルギー電力の大口需要家が協力企業として参加したことが大きいといわれている。長期的な電力需要を確保することができれば、特定卸供給制度に基づく安定した販売を行うことができるうえ、高めの電力価格を想定することができるからだ。こうした事業モデルは、再生可能エネルギー賦課金による国民負担の低減を促すことになる。洋上風力の導入段階で再生可能エネルギー電力の業界に新風を吹き込んだことの意義は大きい。

一方、洋上風力の先端を走る英国に比べると、日本の水深30メートル以下の洋上風力の適地

（図２－７）日欧の風況比較

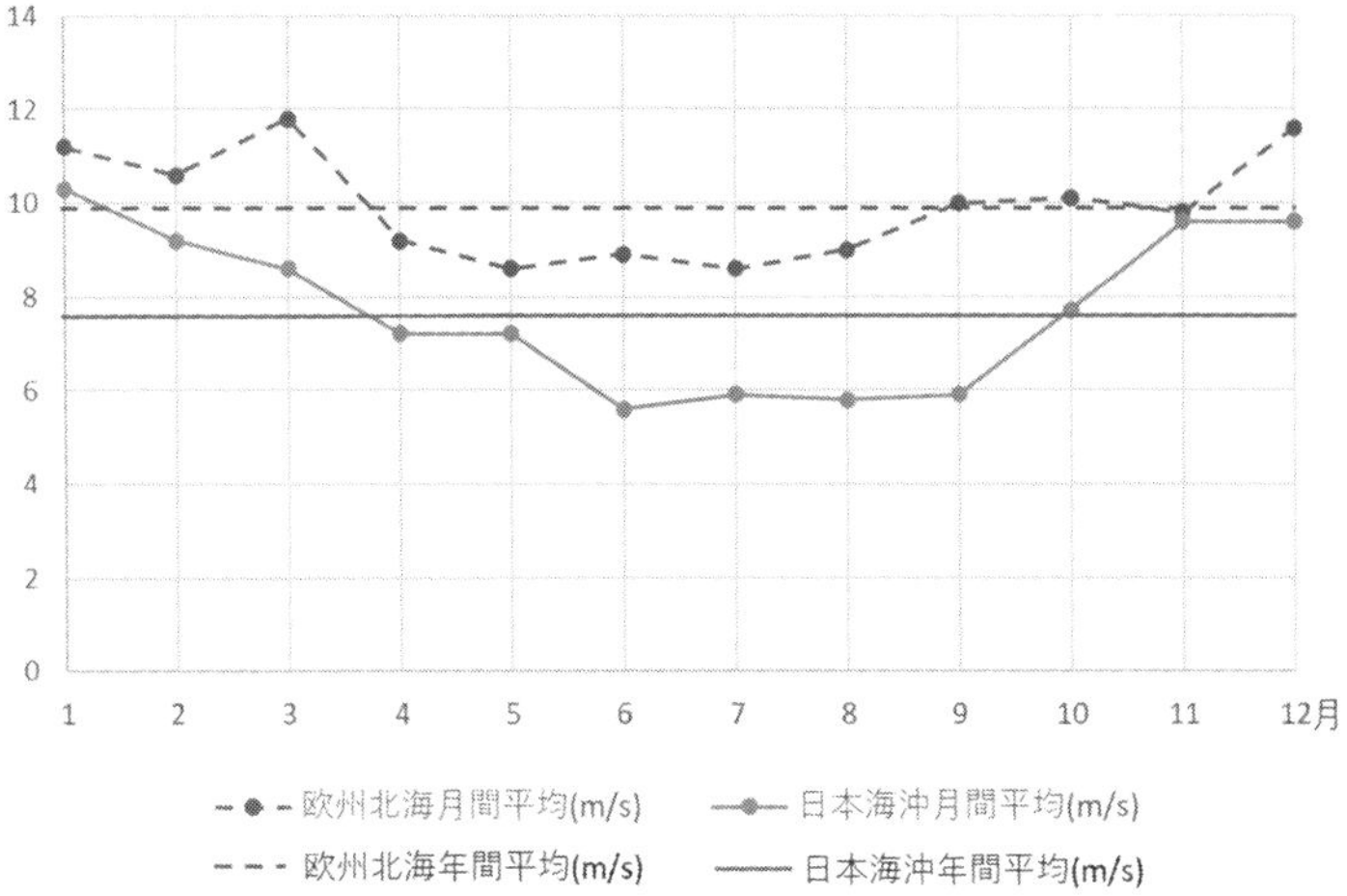

出所：本部和彦・立花慶治、「風況の違いによる日本と欧州の洋上風力発電経済性の比較－洋上風力発電拡大に伴う国民負担の低減を如何に進めるか－」、東京大学公共政策大学院ワーキングペーパーシリーズ、2021年１月

は8分の1程度に過ぎない。また、風力発電が事業として成り立つための最低風速が6・5メートル／秒といわれるなか、欧州の洋上風力では平均10メートル／秒、最低でも9メートル／秒の風が見込まれるのに比べ、日本は平均7・5メートル／秒、最低6メートル／秒しかない。発電量に換算すると年間で4分の1しかないことになる。

波の高さも違う。欧州の北海南部の平均の波高は1・6メートル以下であるが、日本の太平洋側は2・0メートルを超える海域が多い。台風になれば10メートル級の波浪が押し寄せることもある。波が高ければ、設備の強度が必要なうえ、点検や補修ができない日が増え、稼働率に影響が出る。現在、日本で検討されている浮体式洋上風力では、波高1・5メートルが設備点検の船を出すか否かの基準となっている。

利用できる国内の再生可能エネルギー資源は、最大限活用することが原則だが、風力発電の環境に恵まれた欧州に比べると、設備が割高になるうえ、発電量が少なく、点検の制約もあるというのが日本の洋上風力発電の実態なのである。こうした条件の違いを国産エネルギーとして、他の再生可能エネルギー技術とのバランスを考慮して導入策を検討する必要がある。こう考えると、国内洋上風力発電市場は、拡大が期待されることは確かだが、その規模は限定的となると想定される。

洋上風力の公募ルールの欠陥

三菱商事による2021年12月の洋上風力発電の立て続けの受注の源泉となったのが、他者をぶっちぎる11〜16円台の入札価格だった。価格とともに評価される事業の実現性では、必ずしもトップになっているわけではない。こうした結果に対して、「資本力のある事業者が有利になっている」などの批判もあり、入札制度が見直されることになった。

政府は、入札結果に対する声に応え、2022年10月、洋上風力発電の公募ルールを定めた「一般海域における占用公募制度の運用方針」の改定版を公表した。ここでは、落札制限の導入、事業実現性の配点の変更と点数補正、事業の迅速性評価の導入などが含まれている。なかでも注目されたのが、同一の公募によって複数地域の事業者選定を行う場合に、一者あたりの落札数を制限する制度だ。日本の洋上風力発電が黎明期にあることを理由にした制度とされるが、広く事業者を公募することにより低廉で質の高い資産やサービスを調達することを旨とする入札における制度としては、誰しも違和感を覚えたはずだ。

しかし、問題の本質は、個々の改定内容の是非ではなく、公募を行う政府側のマーケティング能力、将来構想力、構想実現に向けた戦略策定能力の欠如にある。そもそも、問題となった2021年の入札時、洋上風力のFIT価格は29円／キロワット時であり、三菱商事を含む応札者の価格はFIT価格を大幅に下回っていた。2012年のFIT導入時に、太陽光発電の単価を国際価格と大幅に乖離した40円／キロワット時で値付けしたことと状況は変わっていない。調達結果を見た場当たり的な弥縫策が国民負担を高め、市場を歪めるかという過去の経験がまったく活かされていない。また、黎明期に受注を制限するといっても、将来どのような市場を目指すのかが示されていない。

いずれも、事前の調査や検討、事業者との対話などのコストをかけようとしない日本の悪弊の結果だ。「GX」を標榜し、脱炭素の実現と次世代産業の創出を目指すのであれば、調査、検討、戦略の立案・実行に数百億円の資金を投じるくらいの意識を持つべきだ。

③太陽光発電――太陽光が主力とならざるを得ない日本

風力発電よりも市場規模が大きく、急成長してきたのが太陽光発電である。世界の太陽光発電は、中国のシェアが44％と圧倒的に多いものの、日本は2位の米国の13％に次ぐ3位の12％で、ドイツの９％を上回っている。２０１２年の再生可能エネルギーの固定価格買取制度（ＦＩＴ）導入後、太陽光発電に偏重して再生可能エネルギーの導入が進んだことが理由だ。

一方、この2年ほどで、中国、米国、インドは導入量2倍に増加しており、太陽光発電市場は新たな成長段階を迎えている。これに対して、日本、ドイツの導入量は３割増にとどまっている。

太陽光発電も風力発電と同様にコストダウンが進んだことが、導入拡大の大きな要因である。コストは、この10年ほどで３分の１に低下し、発電端では火力発電よりも安価になるケースが多く、地域によってはキロワット時当たり2～３円という圧倒的な低コストを実現している。

こうしたコストダウンの要因のひとつは、風力発電と同様、メガソーラー（大規模太陽光発電）による発電設備の大型化にある。ただし、風力発電の効率化の多くが構造物の大型化によるのと異なり、太陽光発電では、半導体と共通する製造技術の高精度化、シリコンウエハの大

（図２－８）太陽光発電の導入状況

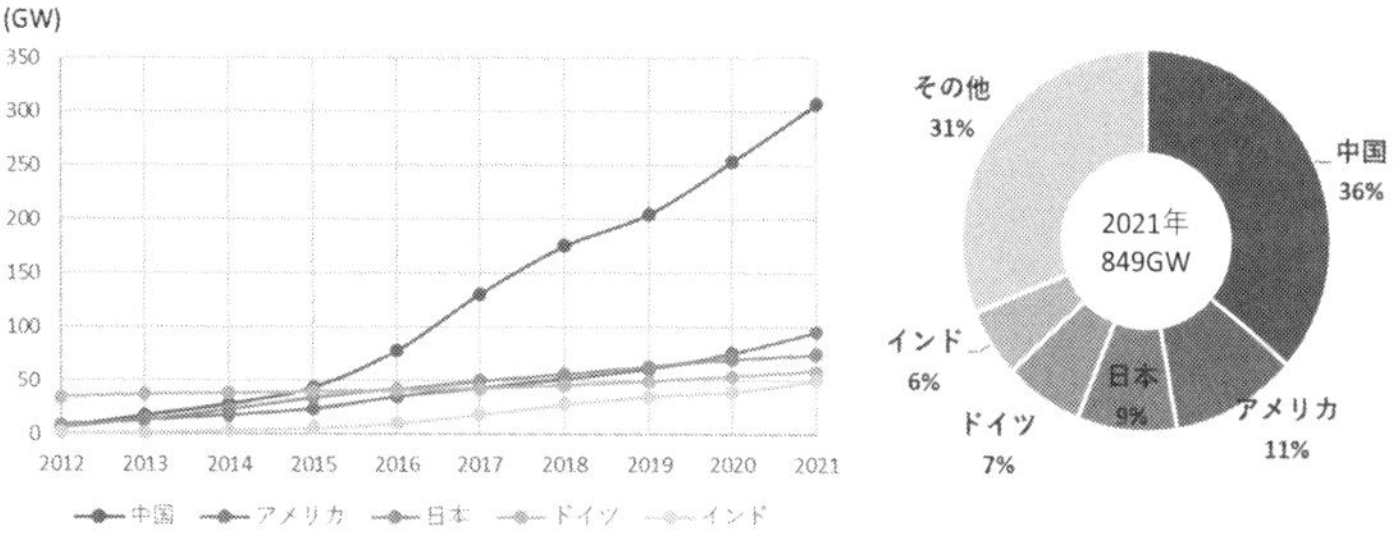

出所：「IRENA_RE_Capacity_Statistics_2022」を基に筆者作成

（図２－９）世界と日本の太陽光発電コストの推移

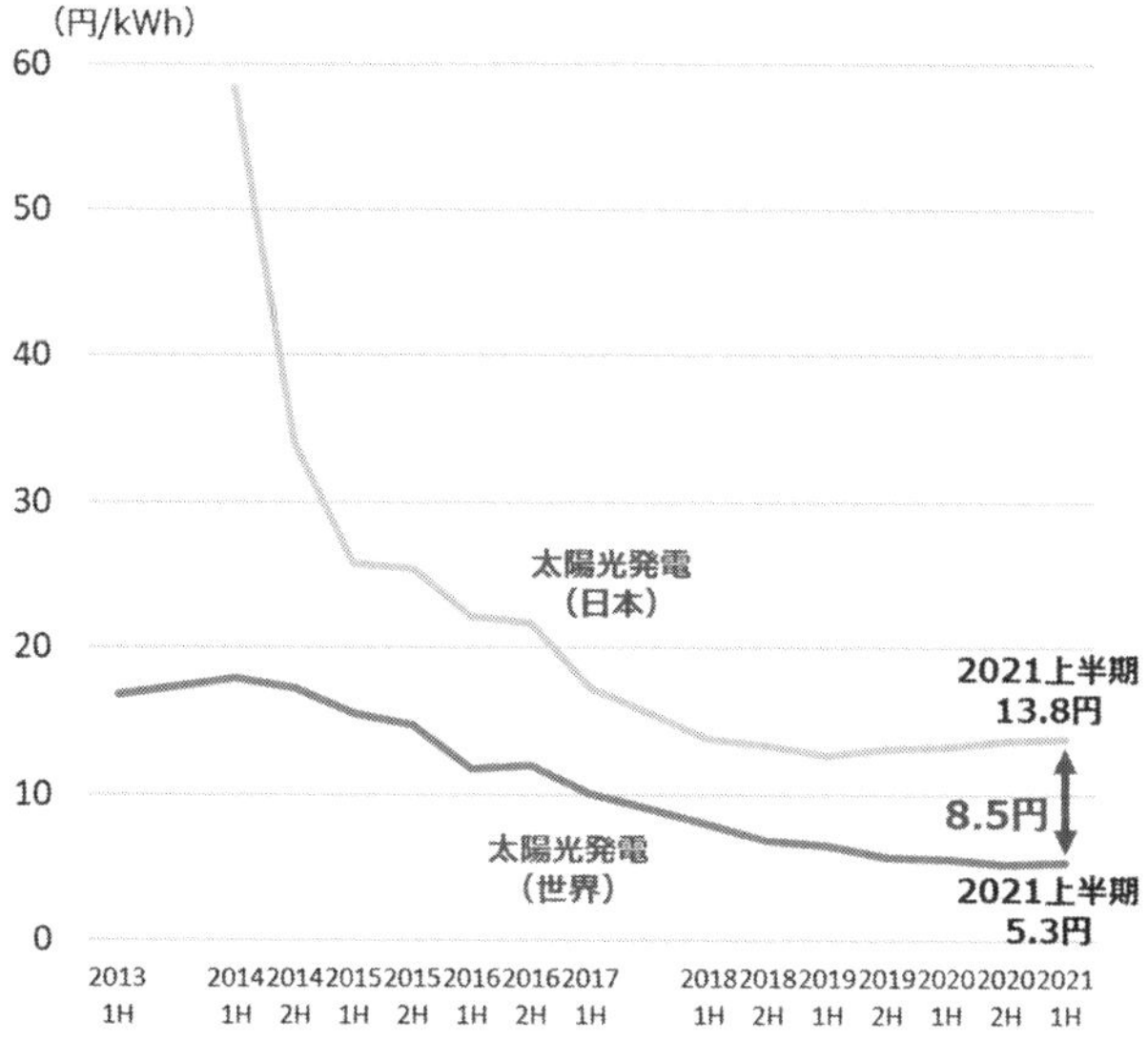

出所：経済産業省資源エネルギー庁ホームページ

型化によって、一度に多くの太陽電池セルが製造できるようになったこと、製造装置が普及するなど技術革新によるところが多いのが特徴だ。例えば、2010年頃、セル寸法が約125ミリ角だったものが、2020年には210ミリ角まで拡大している。

単結晶シリコンウエハは、単結晶の塊を溶融したシリコンから抜き出す、引き上げといわれる方法で製造されるが、半導体製造で開発されたシリコンウエハの大型化の技術が活用された。製造装置についても、半導体製造装置を再利用することでコストダウンが進んだ。

工法の面でもセルを組み合わせたパネルの大型化が進み、設置の工数が削減された。

現在は、単結晶シリコンウエハから切り出した単結晶セルが主流だが、次世代技術も急成長している。

革新技術への期待

最も注目されるのは、ペロブスカイト型の太陽光発電である。ペロブスカイトは、シリコン系や化合物型と異なり成型が簡易で、フィルムにインクジェットのように塗布するだけでパネルが生産できるため、コストを劇的に低減できる。建物の屋根だけでなく壁、EVの外板部などシリコン太陽電池を置けない場所にも設置することができる。山間地が多く太陽光パネルの設置場所の制限が大きい日本では、再生可能エネルギー導入拡大の切り札となり得る。この数年で発電効率も急上昇し、現在主流の単結晶シリコンの23%とほぼ同じ22・5%に達しており、さらなる高効率化のための開発が進められている。小型のものはすでに実用化されており、2023年にもペロブスカイトの太陽光パネルが本格的に実用化される見通しである。

ペロブスカイト研究の第一人者である東京大学の瀬川浩司教授は、「ペロブスカイトをベースにした太陽電池の変換効率が将来的に35%まで高まれば、ペロブスカイト太陽電池をEVの車体の屋根（2平方メートル）に設置すれば約20キロを走行できる。車載太陽電池1日で2・1キロワット時を賄えるため、近所への買い物ならこれだけで充電せずに走れるでしょうし、長距離でも車載太陽電池で充電時間を節約し走行距離を伸ばすことも期待される」と語っている。

このほか、2010年代後半に半導体で培われた薄型ウエハの加工技術を応用して太陽光パネルのセルの裏面を高精度で加工できるようになり、実用性が高まったバックコンタクトなどの単結晶の技術が次々と開発されている。

日米が太陽光発電市場奪還のために注力しているガリウムヒ素などの化合物型も発電効率が向上している。集光多積層型ガリウムヒ素では、単結晶シリコンの2倍の47%、集光なしでも39%という高効率が実現されている。

このように太陽光発電は、さらなるイノベーションが進むことから、風力に比べても長期的な成長市場となる。

　地理的に見ると、太陽光発電は緯度が低く、日射量が大きい地域で有利ではあるが、風力と異なり、偏西風の有無などの明確な制約はない。日射量が多く広範で平坦な国土がある国や地域なら効率的な事業ができる。また、メガソーラーのような大発電所から、戸建て向けのPPA（Power Purchase Agreement：電力購入契約）のように分散電源を設置して電力売買を長期契約するなど、普及方法が多岐に及ぶのも他の再生可能エネルギーにはない強みだ。これまでは、風力と同様大規模化によりコスト低減できる方法が先行してきたが、これからは、太陽光発電ならではのバリエーションを活かした方法が普及するだろう。

中国の市場席巻は続くか

　中国の太陽光発電導入量が44％と抜きん出ているのは、太陽光パネルの生産量が多いからである。２０００年代後半から多結晶シリコン、２０１０年代後半に単結晶シリコンを使って市場を席巻してきたが、ペロブスカイトなどの次世代技術が普及した段階で中国の優勢が維持されるかは未知数だ。

　政策面では、２０２１年8月に集中型太陽光発電の新規建設に対する補助が終了した。すでに石炭火力発電との価格差がなくなってきたことで、今後はグリーン電力として電力取引市場での価格調整を行うことになった。

中国は2030年までに、電力源に占める非化石燃料の割合を25％まで増やす方針を示している。そのためには、再生可能エネルギー設備の容量を現在の倍以上にしなくてはならないが、そこで問題になるとされているのが土地収用だ。

中国工程院の研究者である江億氏は、「中国では再生可能エネルギーの需要を満たすために、さらに3万～4万平方キロの土地が必要になる」との見通しを示している。再生可能エネルギー専門家委員会の事務局長である李丹氏は、「同委員会でも占有してはならない農地、特に耕作地については明確に定めており、企業が農地を荒れ地と申告して規制を逃れることなどは、越えてはならない一線だ」と主張している。

米国は、国産エネルギーとして太陽光発電を最大規模導入することを目指している。

2021年8月、エネルギー省（DOE）は報告書で、太陽光発電の規模を2021年時点の80ギガワット（電力需要の3％）から、2035年には760～1000ギガワット（電力需要の37～42％）にするとした。そのときの再生可能エネルギーの電源構成を風力36％、水力5～6％、バイオマス・地熱1％（参考、原子力11～13％）としているので、太陽光発電は最大の国産エネルギーとなる。

同報告書では、こうした目標の達成には2050年までに総額約62兆円の追加費用が発生するが、気候変動に伴う被害を回避し大気の質が改善されることで約187兆円のコストが削減されると分析している。

一方、カリフォルニア州のようにすでに導入が進んだ地域では、太陽光発電の増加に伴う電力系統への影響や電力余剰の問題が顕在化している。

カリフォルニア州のカリフォルニア独立系統運用機関では、2020年に太陽光と風力発電設備に対して合計1500ギガワット時の出力抑制を行ったが、そのほとんどは、大規模太陽光発電を対象としたもので全メガソーラー出力の約5%に相当したとされている。

太陽光発電に依存する日本

日本は、風力発電のための適地が少ないことなどから、太陽光発電が優先的に導入され、今後も積極的に導入を進める方針である。2021年10月に第6次エネルギー基本計画、地球温暖化対策計画が策定され、2030年の再生可能エネルギーの電源比率が36~38%に大幅上方修正されたが、その中で太陽光発電には117.6ギガワットの導入目標が設定された。

環境省の「わが国の再生可能エネルギーの導入ポテンシャルに関する報告書」によれば、「屋根150平方メートル以上に設置可能で、設置しやすいところに設置するレベル1」、「屋根20平方メートル以上、南壁面・窓20平方メートル以上、多少の架台が必要な場所（駐車場へ

（表２－１）レベルごとの設置可能場所の判断基準

	設置条件・箇所	レベル1	レベル2	レベル3
屋根	パネル設置に必要とする屋根面積	150㎡以上	20㎡以上	10㎡以上
	周辺機器の設備容量によらず、太陽光パネル設置可能な場所へは設置	×	○	○
	形状が複雑な屋根、曲面状の屋根	×	×	○
	日射時間が正午前後数時間程度しか期待できそうにない箇所	×	×	個別判断
	正午において建物が木や山の陰に隠れる箇所	×	×	個別判断
	各設備（空調室外機、配管等）、各構造物（採光窓等）	×	×	×
	架台設置の場合、床荷重や梁の条件を満足しない箇所	×	×	○
	日射時間が短く発電が期待できそうにない箇所	×	×	×
	屋根のない場所（非常階段等）	×	×	×
壁	パネル設置に必要とする屋根面積	×	20㎡	10㎡
	窓	×	○	○
	奥まった場所にある窓	×	×	×
	地上から2m以内	×	×	×
	入口、階段、ドア等	×	×	×
敷地内空地	パネル設置に必要とする屋根面積	150㎡以上	20㎡以上	10㎡以上
	通路、駐車場（屋根を設置することを想定）	○	○	○
	広場・グランド（公共施設除く）	×	×	個別判断
	花壇等	×	×	×
	車路	×	×	×
	各種設備や構造物およびそこから3m以内（車両走行を想定）	×	×	×
	正午に日陰となる箇所	×	×	×
	敷地内空地かどうかが不明な箇所	×	×	×

出所：環境省「再生可能エネルギー情報提供システム」ホームページ

の屋根の設置も想定）に設置するレベル２」、「切妻屋根北側・東西壁面・窓10平方メートル以上、敷地内空地なども積極的に活用するレベル３」という定義がある。

太陽光発電の規模は、レベル１までとした場合は約70ギガワットだが、レベル２までとすると１８０ギガワットに達する。レベル２は、１カ所あたりの設置面積が小さい屋根、屋根に比べて設置工事の負担が増える壁面や窓、また、道路や公園、農地など架台の設置が必要となる場所を含むため、増加するコストをどのように補てんするかが課題になる。

日本では、すでに67ギガワットが導

入されているから、レベル1の対象は、ほとんど設置が進んでいることになる。今後は、レベル2以上の場所への設置をいかに進めるかが課題となる。期待される市場のひとつに農地がある。ペロブスカイトなどの可視光を透過する技術は、太陽光シートとして設置することができるので、限られた土地を農業と共用することが可能になる。

期待される農業との共存

環境省の報告書によれば、農業との共用を最大限に進めれば現在の規模の4倍に相当する240ギガワットの導入が可能と想定されている。最近は、地球温暖化による高温障害が問題になるケースも出ているため、こうした技術が開発されれば、農業の生産性向上にも貢献できる可能性がある。そうなれば、農業は農作物とエネルギー双方を生産する高効率産業になるかもしれない。

こうした施策を講じる際に重要なのは、農業の生産性を第一義とすることだ。エネルギー収入にばかり目がいって、農業への関心が下がるようでは本末転倒だ。ロシアのウクライナ侵攻で顕在化したように、農業もエネルギーと同様、国産化の課題を抱えているからだ。営農型太陽光発電の許認可は3年ごとの更新義務が設けられており、農業の継続性を確保できる農業者であることが条件となっている。高齢の個人農家にとって20年程度設備が利用できる発電事業と営農を両立することは難しい。こうしたミスマッチを解決するためには、エネルギーと農業を両立した新しい産業のビジョンを掲げ、その実現のための制度整備を進めることが必要だ。

小池百合子都知事による新築住宅の屋根付き太陽光パネル義務化の課題

２０２２年12月、東京都は、延床面積２０００平方メートル未満の新築住宅への太陽光パネルの設置を義務付ける条例を採択した。大手住宅メーカーを対象とするもので、２０２５年４月から施行される。同条例に対しては、「義務化は都民に十分理解されていない」などの反対意見もあるが、日本の再生可能エネルギーの導入状況を踏まえると、推進すべき制度といえる。本書でも述べているように、日本の再生可能エネルギー導入比率は、主要国に比べ圧倒的に少ないうえ、メガソーラーや大規模ウィンドファームの増設余地が限られているからだ。日本の脱炭素政策の成否が、小型分散型再生可能エネルギーをどれだけ普及できるかにかかっていることは間違いない。その際、建物の屋根を利用した太陽光発電は、最も有力な選択肢のひとつであることも確かだ。また、大手住宅メーカーは、すでに収益性などの観点からスマートハウスに焦点を当てた商品展開をしているので、今回の条例は、大手住宅メーカーの戦略を後押しするものと位置付けることもできる。

一方で、再生可能エネルギーとして太陽光発電が突出する構造には懸念も多い。先述したとおり、2022年6月末の電力ひっ迫の際には、太陽光発電のピークが1000万キロワットを超え、電力供給が不安定化する原因のひとつとなった。今回の条例は、こうした状況を悪化させる可能性がある。

日本は太陽光発電に頼らざるを得ない、太陽光発電は電力供給を不安定化するという板挟みの状況を解決するための鍵は、太陽光発電のピークを吸収するための政策を並走させることだ。具体的には、EVと充電インセンティブシステムだ。都内に100万台のEVを普及させ、その10%が、太陽光発電がピークとなる昼前後に充電に応じるようなインセンティブプログラムを施行すれば、500万キロワット時の電力を吸収することができる。東京都には、こうした太陽光発電とEVをパッケージにした政策のモデルを全国に先駆けて作り上げてほしいものだ。

こうして世界中で導入拡大が図られている太陽光発電だが、夜間や日照の悪い時間には、発電量が大幅に低下するという宿命的な課題は解決されていない。カリフォルニア独立系統運用機関の報告にあるように、太陽光発電が増えれば発電の出力制御が求められる時間も増える。また、第1章で示した日本での電力ひっ迫注意報の原因にあるように、太陽光発電への依存度が高まるとエネルギーのセキュリティリスクが高まる。太陽光発電の大規模導入の実現性は、太陽光発電の宿命的な課題の解決とセットで問われるものだ。

④バイオマス――BECCS期待のバイオマス

風力や太陽光に比べると電力としての導入量は小さいが、ストック系の再生可能エネルギーとして期待されるのがバイオマスエネルギーである。風力や太陽光の変動調整役としての期待もある。

世界のバイオマスエネルギー導入量は、中国が29・8ギガワット（21％）、ブラジル16・3ギガワット（11％）、米国13・6ギガワット（9％）、インド10・6ギガワット（7％）、ドイツ10・4ギガワット（7％）と続いており、日本も4・6ギガワット（3％）導入している。この10年で中国は、バイオマスエネルギーの導入量を6倍に増加させたが、それ以外の国では、風力、太陽光のような大きな伸びはない。

バイオマスの代表的な利用方法は草木を固体燃料として使ったり、植物や微生物由来の油を液体燃料として発電やボイラの燃料、飛行機やトラックなどの内燃機関の燃料に利用することと、熱利用することだ。都市ごみによる発電も半分程度がバイオマス由来となる。バイオマスのもうひとつの代表的な利用方法はバイオガスである。ドイツがバイオマスで成功したのは、バイオガスのエネルギー総合利用（電力、熱）に依存するところが大きい。代表的なのは、微生物によって家畜の糞尿や菜種、トウモロコシなどのエネルギー作物をメタンガス化する技術

（図２－10）バイオマス発電の導入状況

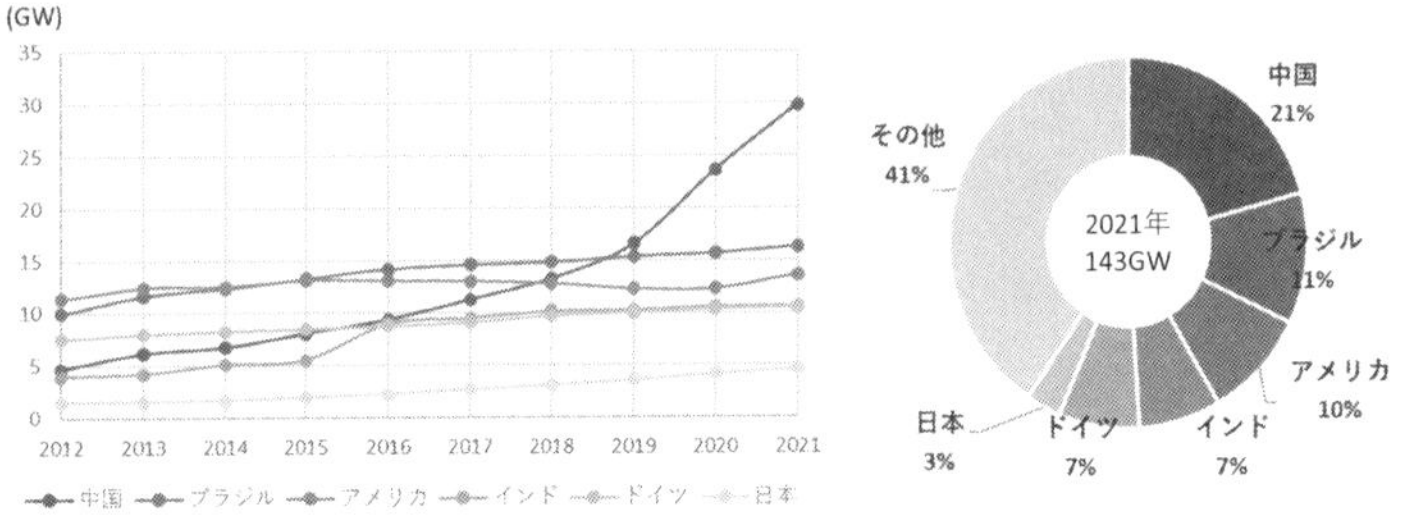

出所：「IRENA_RE_Capacity_Statistics_2022」を基に筆者作成

である。有機性のごみ資源とすることもできる。生成されたガスは、ガスエンジンなどで発電し、再生可能エネルギー電力として利用するとともに、エンジンの排熱を利用すれば、再生可能エネルギー由来の熱を周辺の住宅や工場などで使うことができる。熱需要が多い地域では、ボイラーを使ってより効率的に再生可能エネルギー由来の熱を利用することができる。歴史的に見ると、バイオガスは、再生可能エネルギー熱の地域利用によって導入が加速した。ドイツでは、再生可能エネルギー熱の９割程度がバイオガス由来といわれ、農家など小規模事業者が中心的な供給者となっている。筆者らが中新天津生態城（中国・天津エコシティ）で再生可能エネルギー計画を策定した際には、バイオマスの熱利用が最も効率的な再生可能エネルギーであった。日本では、再生可能エネルギー由来の電力ばかりに関心が集まるが、熱利用がもっと注目されてよいはずだ。

世界バイオエネルギー協会（ＷＢＡ）によると、２０１８

(図２－11)熱分野のエネルギー源の内訳

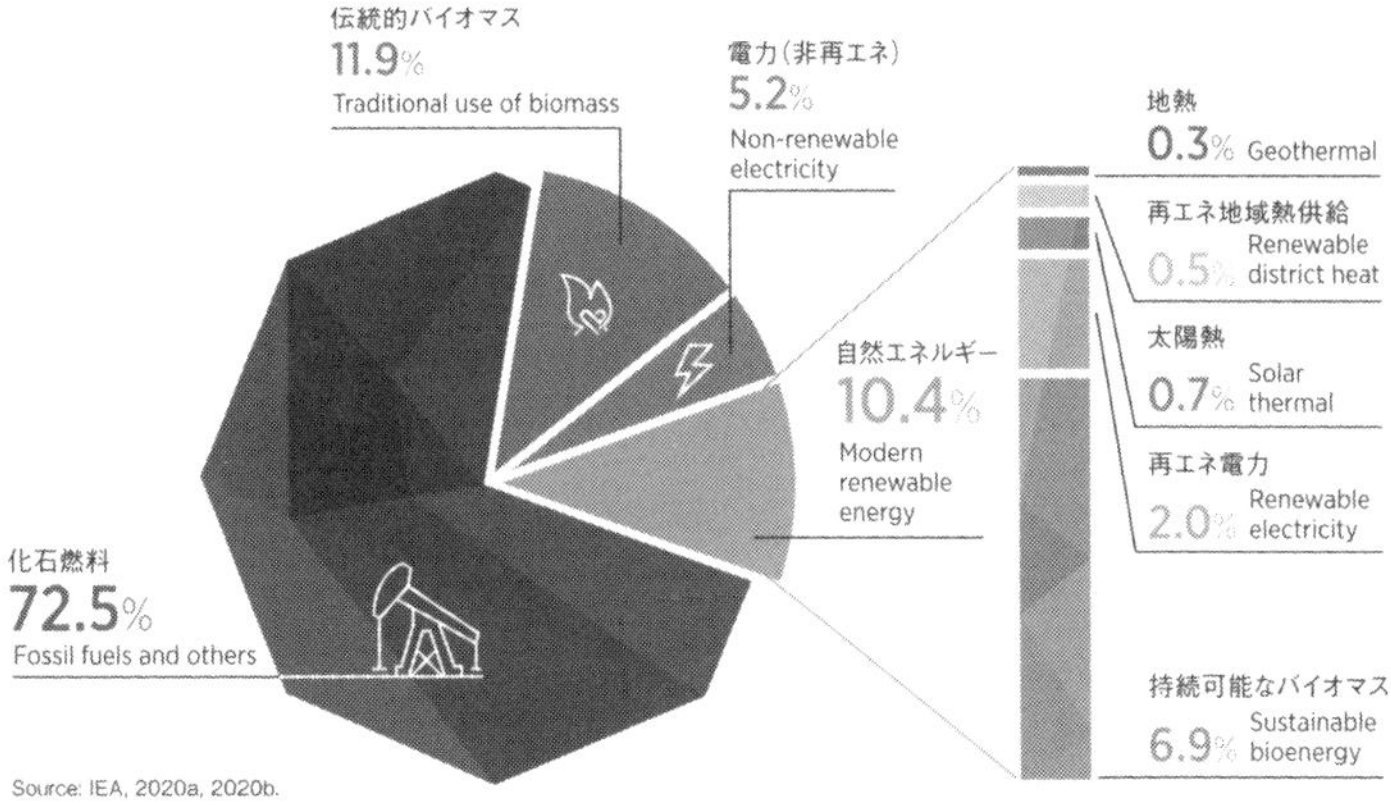

出所：バイオマス産業社会ネットワーク資料

年に世界全体で供給された自然エネルギーの約7割がバイオマスとされている。電力以外を含むとバイオマスの位置付けは俄然高くなる。交通分野でも自然エネルギー利用の9割以上がバイオマスで、米国、ブラジルなどではバイオエタノールが広く普及している。世界全体の交通分野のバイオ燃料消費量は、ＥＶのエネルギー消費量の２倍以上とされている。

また、２０２０年12月に発表された国際再生可能エネルギー機関（ＩＲＥＮＡ）、ＩＥＡ、21世紀のための自然エネルギー政策ネットワーク（ＲＥＮ21）の共同レポート「Renewable Energy Policies in a Time of Transition: Heating and Cooling」によると、２０１９年の世界の熱分野のエネルギー消費量に占める化石燃料は77％以上だが、伝統的なバイオマス、持続可能なバイオマスなどの自然エネルギーも各々約12%、約10%を担っている。

バイオマス発電では、FITの導入によって、パーム椰子殻や木材ペレットを使った発電が進められてきたが、最近は次の戦略に目が向けられている。その代表がBECCS（Bio-energy with Carbon Capture and Storage）である。BECCSは、バイオマス発電を行った際に排出される二酸化炭素を分離・回収して貯留する技術である。この技術が注目される理由は、カーボンネガティブを実現できるからである。バイオマス発電自体は、カーボンニュートラルの技術であるが、そこから排出される二酸化炭素を地中に埋められれば、大気中の二酸化炭素をマイナスにすることができる。植物を大気中の二酸化炭素吸収器として活用するのだ。太陽光発電や風力発電は、二酸化炭素を排出せずにエネルギーを生み出すことはできるが、二酸化炭素を減らすことはできない。

IPCCが気温上昇1.5℃目標という高い数値を実現するに当たって頼る技術の主役はBECCSだ。成長する国々の産業をなるべく抑制せずに目標を達成するには、産業で排出した二酸化炭素を吸収するカーボンネガティブの技術が不可欠という理解だ。2030年以降の取り組みが本格導入の鍵になる。

一方、バイオマスは、食料や飼料などとの農地の競合が起きやすく、遺伝子編集や組み換え技術を使うため、自然環境との共生するための倫理面での問題もある。実際に、こうした課題が世界中で顕在化しつつあり、バイオマスの導入拡大の制約となっている。

大きなポテンシャルを持ちながら、制約の大きさから部分的な位置付けにとどまっているのがバイオエネルギーの現状だ。

バイオエネルギーでも米中競合か

中国は、1999年に「退耕還林」と呼ばれる農地を林地に転換する政策を開始した。大規模な土壌流失や砂漠化を防止するため、条件の悪い農地に植林を行う一方で、森林の伐採を厳しく規制する。その結果、2019年の調査では、利用可能なバイオマス量が約35％増加し、その4分の3が低木由来や伐採時の残渣となっているとのことである。

中国では、農業従事者に対する所得再分配機能や、野焼きなどの伝統的農業による大気・土壌汚染を防ぐ環境保全機能などの政策的な意図により、バイオマス発電が積極的に推進されている。こうした森林資源を活用したバイオマス発電がＢＥＣＣＳにつながっていく可能性もある。

米国では、バイオ燃料が積極的に普及されている。1970年に制定された大気浄化法により、環境に優れたオクタン価向上剤としてバイオエタノールが添加されるようになり、1973年のオイルショック以降、バイオ燃料の生産量が急速に増えたという経緯があるからだ。

その後、２００５年の包括エネルギー政策法で再生可能燃料基準が設けられ、石油精製業者に輸送用燃料に対するバイオ燃料の最低使用量（化石燃料への混合比率）が義務付けられた。当初は、オクタン価向上剤としてＭＴＢＥ（Methyl Tertiary-Butyl Ether）が期待されたが、地下水の汚染問題などにより使用が禁止され、バイオエタノールの利用が拡大した。

現在、米国では、ガソリンに10％のバイオエタノールを混合した「Ｅ10」が広く普及している。その主原料は、米国が世界一の生産量を誇るトウモロコシである。

トウモロコシは、米国では家畜の飼料として広く使われており、トウモロコシがバイオエタノールに多く回ると食肉が高くなるなど、食料との競合が懸念されている。実際、２０２１年にはトウモロコシ価格が上昇し、バイオエタノールの価格も２０２０年の約０・５ドル／ガロンから２ドル／ガロンと急騰した。

米国のバイデン政権は２０２２年４月に、バイオ燃料であるトウモロコシなどから作られるエタノールを15％混ぜたガソリン「Ｅ15」の利用を拡大する方針を発表した。ロシアのウクライナ侵攻で価格が急騰したガソリンより割安なため、通年販売を可能にすることで燃料費の高騰を抑制しようという意図もある。そのために、トウモロコシ生産者への資金支援も行う。一方でＥ15は、スモッグを発生させる懸念があるため、「大気に重大な影響を与えないよう各州と協力する」と強調した。

拡大期待される日本のバイオマス

日本のバイオマス発電の規模はＦＩＴの導入より拡大し、特にこの5年は2・5倍程度増えている。その結果、風力の３倍程度の容量を持つようになっているが、再生可能エネルギーの中で占める割合は15％程度に過ぎない。

ＦＩＴの設備認定量は１００ギガワットに達しているが、２０１９年までの導入規模は22ギガワットにとどまっている。バイオ発電の２０３０年の導入目標は84ギガワットであるが、導入が順調に進めば、今後10年で発電規模は4倍に拡大し目標をクリアすることになる。

課題となるのは燃料の確保である。現在計画されている事業のバイオマスは、ほとんどが安価な輸入のパーム椰子殻だ。世界的な再生可能エネルギーの導入拡大で海外バイオマスの調達は、上積みが難しくなっている。そこで椰子より成長が2倍早いソルガムを、ベトナム、フィリピンなどで栽培するという対策も検討されているが、バイオマスの輸入自体の課題が顕在化している。新興国、途上国で栽培されたバイオマスが当地で確実に再生産されているか、環境破壊を起こしていないか、さらには雇用問題などを起こしていないかなどの問題が非政府組織（ＮＧＯ）などから指摘されているからだ。なかには、バイオマスが適切に生産されていることについて、第三者機関の評価を得ているにも関わらず事業化できない案件もある。

また、本章のテーマである「国産エネルギー」という観点では、輸入バイオマスは脱炭素の手段ではあり得ても、国産化の手段にはなり得ない。

一方、日本でもＢＥＣＣＳの開発は進んでいる。東芝エネルギーシステムズは、福岡県大牟田市で世界初の大規模ＢＥＣＣＳ対応のプロジェクトを進めている。49メガワットのバイオマス専焼発電を行う三川発電所の排ガスから日量５００トンの二酸化炭素を分離・吸収する。ただし、現状ではＣＣＳまで完結したシステムになっていない。

日本は、先進国の中では国土に対する森林面積の比率が2位の国である。恵まれた国内のバイオマスの活用を進めたいところだが、森林の伐採率は０・５％程度で、バイオマス発電先進国のフィンランドと比べ６分の１程度にとどまっている。森林管理が小規模分散していることに加え、労働力不足が進んでいることが理由だ。

日本の林業事情を改善するためには、急斜面の山林の作業を機械化することが必要だ。現在、林野庁では、ドローン（無人航空機）を使って山林の地形や木の生息状態を高い精度で測定する技術や、自動木材搬送ロボットなどを開発することで林業のスマート化に取り組んでいる。

前述したように、中国では、林業と農業の連携による林業資源活用に政策の焦点が当たっているが、日本では、デジタルトランスフォーメーション（ＤＸ）が林業再生とバイオマス利用の

（図２－12）日本国内でのバイオマス発電の導入状況と累積導入量

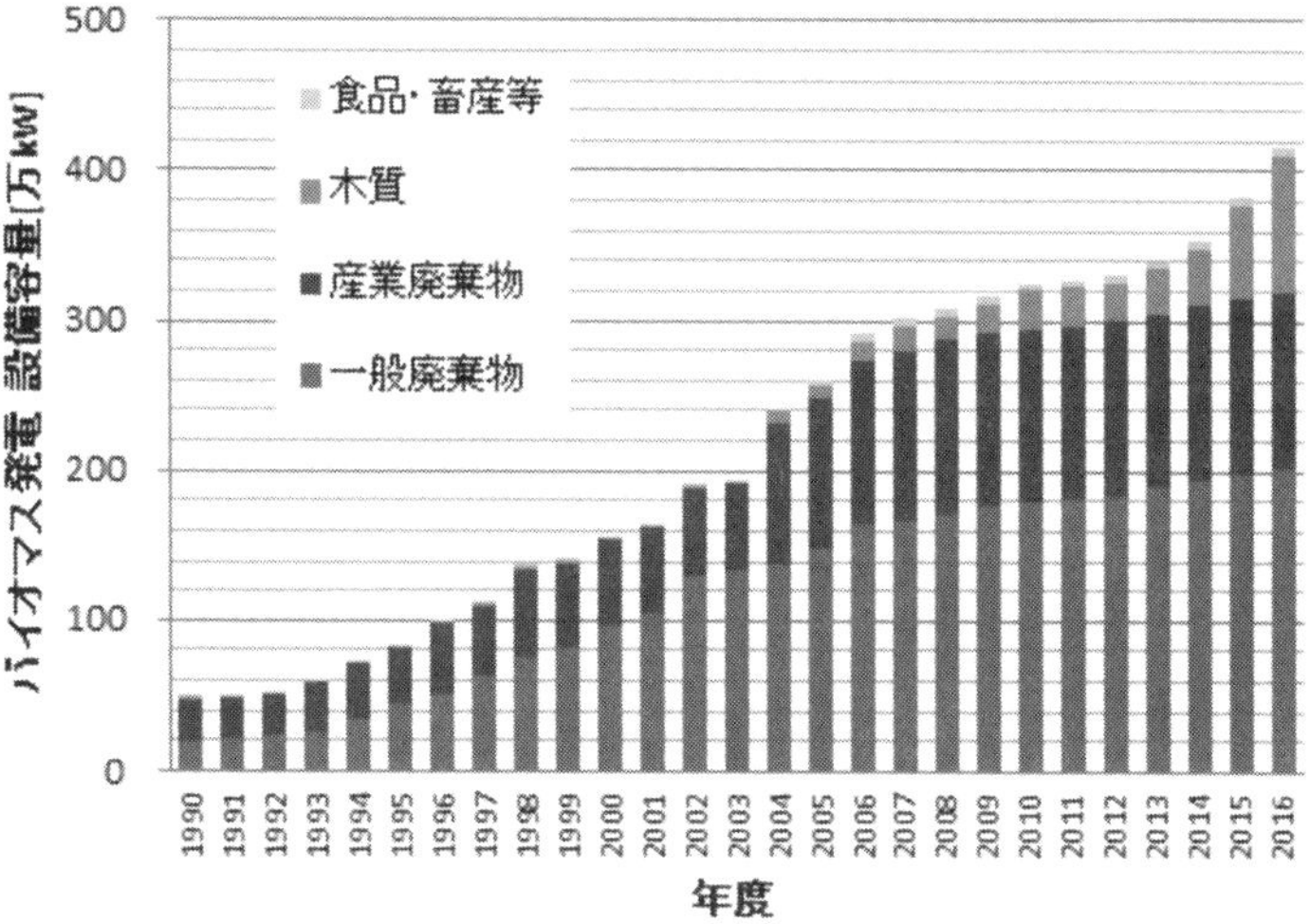

出所：環境エネルギー政策研究所ホームページ

切り札となっている。

バイオマスの確保という点で忘れてならないのは、日本のバイオマス発電の8割程度を占める廃棄物系のバイオマスである。剪定枝や落ち葉、刈草などの比較的乾燥したもの、生ごみや食品廃棄物など比較的水分が多いもの、また、下水汚泥、家畜の糞尿などの液状のものなどがあり、形態に合わせたエネルギー利用が進んでいる。廃棄物として処理が必要であることから、早くから利活用と事業化が進んできた。市街地で発生した剪定枝や落ち葉、刈草などを、都市ごみ焼却炉で発電利用するなど日本は、都市ごみ焼却による発電利用が世界で最も進んでいる。

生ごみや食品廃棄物は水分が多いので、

メタン発酵によるバイオガス化が適している。２０１０年代前半からメタン発酵と焼却炉を併設して発電効率を最大化する仕組みが環境省から推奨されたことで、導入する自治体が増えている。

下水汚泥や家畜の糞尿もメタン発酵して、ガスエンジンで発電すれば高効率な利用が可能だ。近年では、剪定枝や落ち葉、刈草などをバイオガス化し、高効率に発電できる技術が開発されており、廃棄物系のバイオマスは発展も期待される。

ただし、エネルギーの総量としては、日本の再生可能エネルギー率を押し上げる要素にはならない。

⑤資源調達期間が長い原子力発電——小型化というイノベーション

準国産エネルギーに位置付けられる原子力発電の実績（２０２１年）は、米国7・40エクサジュール、中国３・68エクサジュール、フランス３・43エクサジュール、ロシア２・01エクサジュール、韓国１・43エクサジュールと続き、日本は０・55エクサジュールにとどまっている。

この10年で米国、フランスは微減、ドイツは半減したが、ロシアのウクライナ侵攻で準国産エネルギーとして再評価されており、今後、世界的な増加が予想される。一方、中国は、この

(図２－13)原子力発電の導入状況

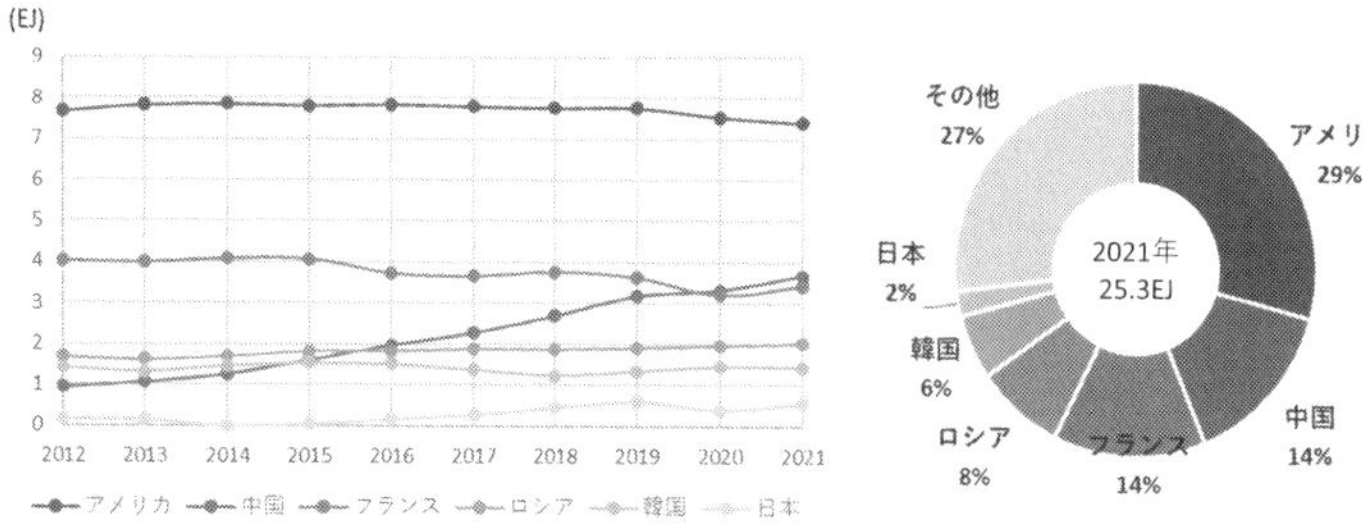

出所：「bp-stats-review-2022-full-report」を基に著者作成

10年で原子力発電の規模が5倍に増加し、インド、ロシアも増加傾向にあるなど、日米欧の世界的な位置付けの低下が避けられない状況にある。

原子力発電は、１９６０年代から右肩上がりで増加してきたが、１９８６年のチェルノブイリ原子力発電所事故で新規建設が止まり、２０１１年の福島第一原子力発電所の事故で、日米欧では廃炉や原子力離れが進んだ。その一方で、中国、インド、ロシアが建設を維持したことが原因だ。

世界の原子力情勢が変わるなか、原子力発電技術で大きなイノベーションが起こっている。大規模で複雑だった従来の大型発電所から小型でシンプルな小型モジュール炉への転換である。

原子力発電離れを起こした問題の本質は、大型化を追求したの設計思想にあるともいわれる。増大する電力需要に応えるため、設備が大型化の一途を辿り、その結果、生じた複雑さが手に負えなくなったのだ。そこで小型化が信頼回復のブ

(図２－14)世界の原発の稼働数と閉鎖数の推移

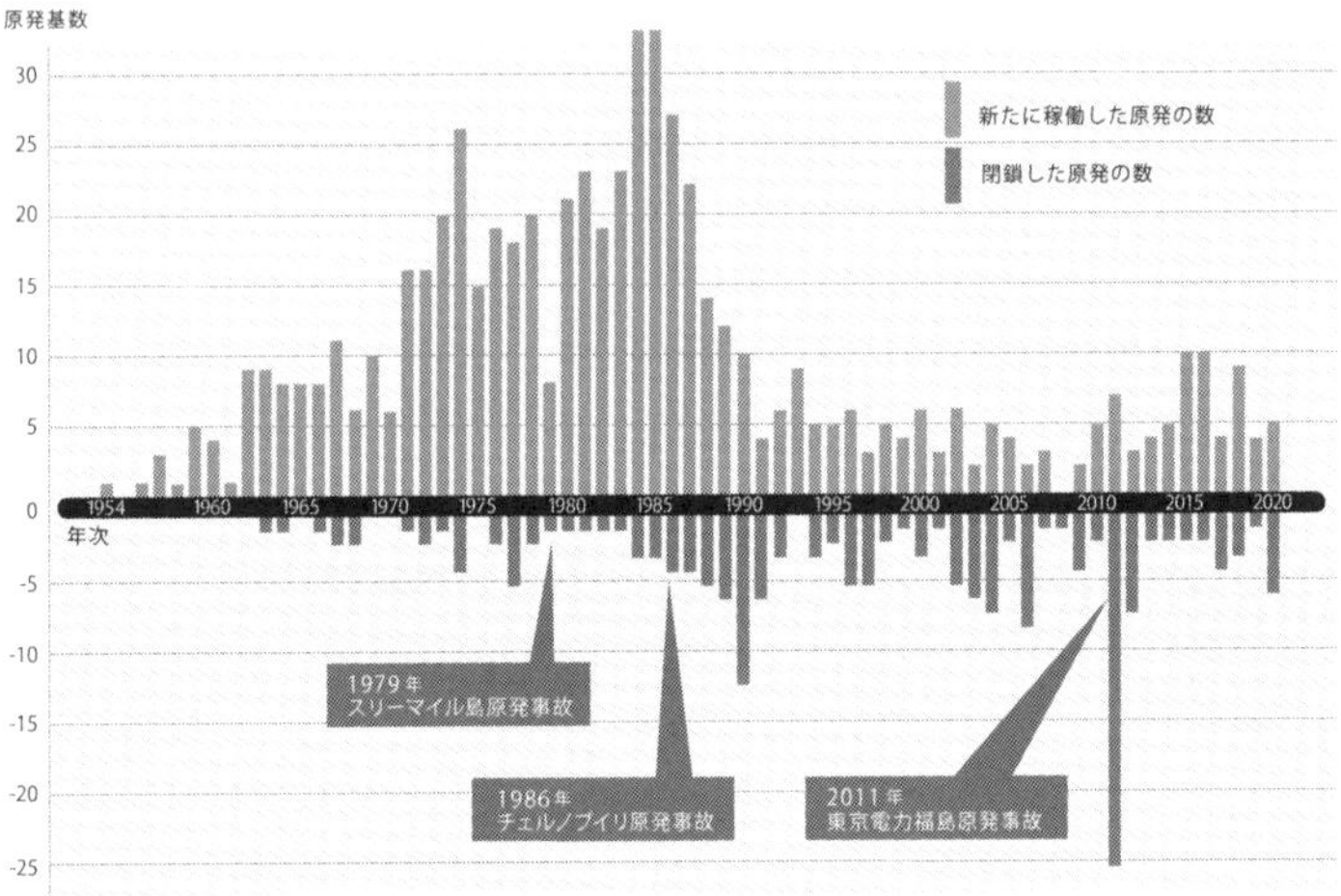

出所：ふくしまエミルカPROJECTホームページ

レークスルーとなる可能性が出てきた。

　そもそも、原子力発電は、原子力潜水艦の小型ＰＷＲから始まった。その後、陸上に持ち込まれて大型化した。大型原子力発電所の構造的な問題は、大型化するほど高い安全性が求められるにも関わらず、一品物であるため品質の安定さを維持するのが難しくなることだ。大型化されると対応できる技術者、研究者が減少し、技術の進化が鈍化し、技術自体が衰退するという構造問題もあった。

　一方で、産業界には大型機が停滞期に入ると、大型化の過程で汎用化した要素技術が小型機に採用されて新しい市場ニーズを捉え、小型機が大量に生産され、低コスト化が進むという進化のプロセスがある。大型計算機からミニコンピュータ（ミニコン）やパソコンが生み出されたプロセスだ。

こうしたプロセスを支えているのは、部品点数の大幅な削減と量産による品質の安定化である。量産化してプレハブ工法のような簡易な方法で据え付け、デジタル化技術を使って故障診断や遠隔監視などを行えば安全性は飛躍的に向上し、ひとつの設備が事故を起こした場合のリスクも格段に小さくなる。実際、小型原子炉では、プールに入れられる格納容器、事故の際に非常用電源や追加の冷却水がなくても炉心を冷やして停止させることができるシステムなど、安全性重視の設計が行われている。小型原子炉で進められているのは、要素技術の開発ではなく、安全性や低コスト化のための設計、運営管理のイノベーションである。

米中独自の原発戦略

原子力発電は、エネルギー収支比（ＥＲＯＩ：Energy Return on Investment）の観点で効率が高いと指摘されている。発電所で電力を生産するには、資源の調達、設備の製造・建設、解体・廃棄などのためにエネルギーを投入する必要がある。こうした投入エネルギーに対して、発電所からどれだけのエネルギーが生産されるかを「生産エネルギー／投入エネルギー」という比で示したのがＥＲＯＩである。ＥＲＯＩが高いほど、同じ量の投入エネルギーから得られる社会・経済活動を支える正味のエネルギーが多くなる。

2013年にドイツのワイスバッハらの研究成果では、原子力発電のEROIは75、石炭火力で30、メガソーラーが9との算出結果が示されている。このように、EROIという視点では、原子力発電は依然として優れたシステムといえるのだが、安全性確保の投資を増やせば、原子力のEROIは低下していくとの指摘もある。

一方で、再生可能エネルギーは、技術革新による発電効率の向上やコストダウンによってEROIが漸増していく。現時点のEROIの比較だけで原子力を推進するのは無理がある。その最大の理由は、安全性への不安である。原子炉の小型化などの技術革新によって、経済性やEROIの優位性を維持したまま、安全性への信頼性を高めることが原子力発電の導入を拡大するための基本路線といえる。

米国では、10社程度のSMRベンチャーが開発を競っている。その背景には、2015年にDOEがGAIN（Gateway for Accelerated Innovation in Nuclear）プログラムを開始し、原子力インフラに関わる「原子力インフラ・データベース」を一部企業などに公表したことがある。コンピュータ技術の進化によって、膨大な試験データを用いた大規模シミュレーションや反応炉の最適設計、システム制御などが規模の小さい企業でも手掛けられるようになった。

ニュースケール・パワー社は、2029年にもDOE傘下のアイダホ国立研究所でのSMRの建設を目指している。

マイクロソフトのビル・ゲイツ氏は、SMRベンチャーのテラパワーを支援する。ゲイツ氏は、同社に個人資産数百億円を投じ会長も務めている。ダウンサイジングによるイノベーションは、コンピュータの世界のダウンサイジングをリードしたマイクロソフトの理念にも通じる。テラパワーのSMRは、劣化ウランを燃料とし最長100年間燃料交換を必要としない使い切りで小型低コスト、安全管理最優先というユニークな設計だ。

SMRで原発復活をかける米国に対して、中国は、これまでどおり大型原子炉の導入を進めている。2021年末時点で53基、発電能力は約55ギガワットの原発が稼働しており、発電規模は、2025年には70ギガワット、2030年には120〜150ギガワットに拡大する計画だ。

現在、世界で大型炉を継続的に建設しているのは、主に中国とロシアである。中国は、豊富な自国内の需要で技術を磨き原発輸出大国になった。2021年段階では、世界で建設中の大型原子炉の30％が中国企業によるものである。ただし、中国が大型原子炉一辺倒というわけではない。2021年には、海南島で国産PWR型SMR「玲龍1号」の実証炉を着工し、2026年に運転開始を予定している。

再開した日本での原発更新の議論

日本では、2011年の東京電力・福島第一原子力発電所の事故以降、再稼働した原子力発電所は10基にとどまっている。建設中の3基の再開の目途は立たず、新設や更新は正式に公言することもままならぬ状況が続いた。こうしたなか政府は、SMRの可能性を検討し、実用化を目指す方針を示した。米国との技術面での連携を視野に入れた動きだ。

岸田首相は、2022年1月21日の参議院本会議で、脱炭素社会の実現に向けSMRや高速炉の実用化を目指す考えを示した。「あらゆる選択肢を活用するという考えのもと、日米間の協力も含め、小型炉や高速炉をはじめとする革新原子力の開発を着実に進める」と述べている。

実は、日本企業にはSMRの開発実績がある。電力中央研究所と東芝は、1980年代に小型炉4Sの構想と設計を行ったが、当時は、大型炉が優先され商用機開発には至らなかった。最近になって米国ニュースケール・パワー社に日揮、IHIが出資するなどしてSMRの開発が再開した形だ。

安全性を高めたSMRだが、いざ導入段階となれば、原子力発電に対する根強い不安や反発に晒される。「安全と安心とは違う」といわれるように、SMRの安全性が理論的に高くても、社会が安心して受け入れるのに時間がかかるのは間違いない。原発の安全性に対する懸念が根強い日本では、準国産エネルギーとしての利用は限定されることになるだろう。

かつて経済性を誇った原子力発電も、福島第一原子力発電所の事故以来の安全対策のコスト、放射性廃棄物のコストなどで経済面で再生可能エネルギーより優位にあるとはいえなくなっている。

2020年末以降、脱炭素に向けたエネルギーを確保するために、世界各国で原子力発電を推進する政策が発表されている。

IEAは、2050年に世界の温室効果ガス排出を実質ゼロにするには同年の原子力の発電量を2020年対比倍増させ、エネルギー供給の11%を賄う必要があるとしている。

2050年の各国の電源ポートフォリオを見ると、原子力発電を10%程度織り込むのが一般的だ。

ウクライナ侵攻で進む欧米の原子力復活

本節の締めとして、ロシアのウクライナ侵攻により大きく転換しつつある各国の原子力発電の政策を確認しておこう。

米国は、2021年11月に「インフラ投資法」を成立させ、SMRの実証炉2基について、2028年の運転開始を目指し、6年間で総額約32億ドルの予算を承認するとしている。

米国では、原子炉の老朽化が問題になっている。DOEによれば、米国では、93基の原子炉が稼働して電力供給の19％を担っているが、２０１２年以降12基の原子炉が廃炉となっている。また、原子力発電所の半数が経済的要因により閉鎖のリスクを抱えているとされる。

そこで、ＤＯＥは２０２２年4月、老朽化した原子力発電所の運営を支援するために60億ドルの資金援助プログラムを開始した。クリーンエネルギーである原子力発電が化石燃料に圧迫される事態を回避することを目的とするものだ。シェールガスガス発電などに対する価格競争力の低下により稼働停止したか、停止のリスクがある原子炉が対象になる。

ＤＯＥのジェニファー・グランホルム長官は、「米国の原発は二酸化炭素を排出しない電力の半分以上を占めている」、「バイデン大統領はクリーンエネルギーの目標を達成するために原発を維持する」との認識を示している。

英国政府は２０２２年4月、エネルギー価格の世界的な高騰や国際エネルギー市場における激しい価格変動を受け、国産エネルギー開発を進めてエネルギー自給を確保するための「エネルギー供給保証戦略」を打ち出した。その中で原子力発電は中心的役割を担っている。２０３０年までに8基建設することを明示し、２０５０年までにＳＭＲも含め現在の約3倍に当たる最大24ギガワットの発電容量を確保し、電力需要の25％を賄うことを想定している。

これに伴い、２０２２年5月には、原子炉建設促進のための「将来の原子力開発を可能にするための基金（Future Nuclear Enabling Fund）」が開設され、開発支援を行う新たな政府機関「大英原子力（Great British Nuclear）」が２０２３年度初頭にも開設される予定だ。

ジョンソン首相（当時）は、こうした戦略について、「新たな原子力設備から洋上風力に至るまで、今後10年の間にクリーンで安価な国産エネルギーの設備を拡大し、価格変動の激しい輸入エネルギーへの依存を減らし、一層安価な国産エネルギーを享受する」ためと説明している。

国内発電量の７割を原発に依存する原発大国フランスの原発設備容量は約64ギガワットに達する。しかし、１９８０年代に急増して、２００５年にピークに達したあと、福島第一原子力発電所の事故を受け、依存率を５割に下げる「縮原発」を打ち出し、設備容量はピーク時の８割程度まで低下していた。こうした事態を転換するため、米国と同様、運転開始から40年を超えた原発の運転を延長する政策を打ち出すとともにＳＭＲの開発にも取り組んでいる。ＳＭＲについては、２０３０年までに10億ユーロを投じ、２０５０年までに25ギガワットの電力供給を見込む。

一方、フランスは、欧州加圧水型炉（ＥＰＲ）を改良した大型炉「ＥＰＲ２」の建設計画も進めており、６基のＥＰＲ２の建設を決定し、８基の追加新設も検討している。ＥＰＲ２の１号機は、２０２８年に着工し、２０３５年までに運転を開始する予定だ。

マクロン大統領は、第26回気候変動枠組条約締約国会議（ＣＯＰ26）の閉幕を控えた

2021年11月に「フランスのエネルギー自給を保証するとともに国内の電力供給を確保し、2050年までに二酸化炭素排出量の実質ゼロ化を達成するため、国内での原子炉建設を再開し、再生可能エネルギーの開発を継続する」とし、停止していた原子炉開発を再開する考えを示している。

ドイツは、福島第一原子力発電所の事故を受け、EUで初めて原発ゼロ政策を打ち出し、2011年時点に17基あった原発のうち14基がすでに停止され、残る3基も2022年末までに停止する見通しだった。

ところが、欧州委員会は、2022年1月にEUタクソノミーに合致する企業活動を示す補完的な委任規則として、原子力や天然ガスをタクソノミーに含める方向を示した。

EUにおける2050年のカーボンニュートラル達成の基準であるタクソノミーの方向と相容れない状況となり、ドイツ国内でも残る3基の延命化が検討されてきた。

2022年3月、ドイツの連邦経済・気候保護省と連邦環境・自然保護・原子力安全・消費者保護省は、原子力発電所の運転延長に関する検討文書を発表した。

ロシアのウクライナ侵攻とロシアからのエネルギー輸入に強く依存しているドイツの現状に鑑み、原発の運転期間延長は、エネルギーセキュリティに資するのか、資する場合どの程度貢献するのか、特に来季の冬に懸念されるエネルギー不足の解消に資するのか、数年間延長した場合の効果などが検討された。

その結果、運転延長の効果は非常に限定的で、経済的負担や憲法上・安全技術上のリスクを伴うという結論に至った。また、3基の運転延長は現在のガス供給危機を考慮してもなお推奨できないとの結論が示され、ロシアのウクライナ侵攻を経てもドイツの原子力戦略は変わらないことが明らかとなった。

このように、脱炭素、ロシアのウクライナ侵攻により、スリーマイル島原子力発電所、チェルノブイリ原子力発電所、福島第一原子力発電所の事故以来、縮小傾向にあった欧米の原子力発電所政策は大きな転換点を迎えている。ロシアへのエネルギー依存度が高いドイツは、エネルギー危機に直面しながらも原発ゼロを志向する政府方針を堅持しているが、欧州としては、世界的な原子力の導入拡大のトレンドと並走することになる。

(2)エネルギー自立の本命、再生可能エネルギー

IEAが示す2050年の電源モデル

脱炭素に向けて世界中が2050年の電源構成を発表している。いずれも、今や最も安い電

（図２－15）2050年の各電源の発電量推移の推定

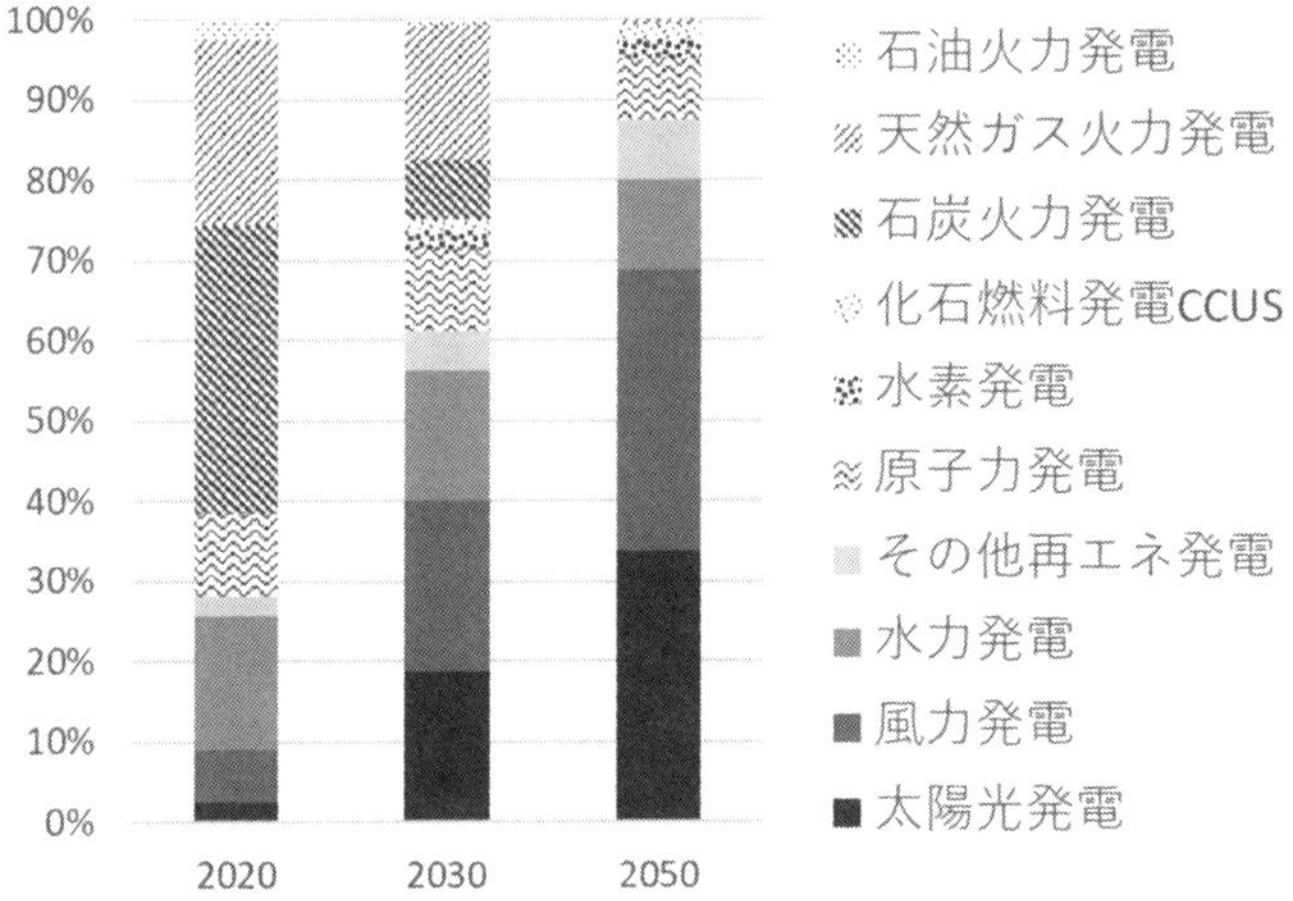

出所：IEA資料を基に筆者作成

源となった太陽光と風力発電を最大限導入したうえで、社会的に許容可能な範囲で原子力発電を導入し、それでも賄えない分を水素とCCS付きの火力発電で賄うという枠組みとなっている。

２０２１年５月にＩＥＡは、「Net ZERO by 2050」で２０５０年のネットゼロ達成のために必要な太陽光発電と風力発電などの推移を提示している。再生可能エネルギー全体で総発電量の88％、太陽光と風力で68％を賄ったうえで、原子力は10％弱、再生可能エネルギー由来でない水素とＣＣＳ付き化石燃料発電で３％程度を賄うという構成だ（図２-15）。

一方で、電力需要については２０２０年の２万６８００テラワット時から２０５０年の

7万1200テラワット時と2・7倍に増大すると推定している。一次エネルギー消費が80％増加するだけでなく、交通機関や産業の電化、さらには、燃料である水素を再生可能エネルギーや原子力などから製造するため、電力の利用量が飛躍的に増加するからだ。水素を作るための電力は、電力需要の実に2割に当たる1万2500テラワット時に達する。2020年時点の電力需要の半分の電力が水素製造に利用されるということだ。

このように、ネットゼロを達成するために世界の電力需要は現在から大きく変わる。電化が進むだけではなく、燃料製造の電源までを含めて電化の範囲が急速に拡大していくのだ。

続いて、各国の状況を見てみよう。

電源の8割を再生可能エネルギーで賄う中国

中国は、政府として具体的な内訳は発表していないが、政府がカーボンニュートラルを宣言するに当たり参考にしたとされる精華大学の研究成果から読み取ることができる。それによると、太陽光22％と風力40％とで62％を賄ったうえで、水力12％、バイオマス2％が加わり、再生可能エネルギーの割合は78％となる。そのほか、原子力と火力は、それぞれ16％、9％となると推定されている。

中国の電力需要は、2020年の7400テラワット時から2050年の1万1200テラワット時と5割弱拡大すると予想されている。2020年の再生可能エネルギー率が27%だったので、30年間で再生可能エネルギー量を現在の約2000テラワット時から、4・4倍の約8700テラワット時に増加させなくてはならないことになる。再生可能エネルギーの30年間の増加量は6700テラワット時と、米国の1・6倍、日本やドイツの10倍以上という規模だ。

IEAのモデルと比べると、再生可能エネルギー率はIEAの88%に対して78%と低いが、世界最大の電力需要の国が電源の8割を再生可能エネルギーで賄おうという意欲的な方針だ。再生可能エネルギーが足りない分は、原子力とCCS付きの火力をIEAより2倍程度多くして補っている。

これにより国産率は90%程度となり、国産の石炭中心であったこれまでと同様、安定したエネルギー資源の獲得が可能となる見通しだ。

再生可能エネルギー大国目指す米国

米国の再生可能エネルギー導入はさらに積極的だ。2021年9月にDOEが「Solar Futures Study」と題したレポートを提示した。そこでは、2050年の電源構成として、太陽光45%、風力44%、合わせて89%、水力4%、原子力4%、水素2%、合成燃料火力、バイオマスと地熱で1%となる想定を示した。IEAのモデルに比べて太陽光と風力が多く、全体で94％以上を再生可能エネルギーで賄うという、これまた意欲的な構成だ。

電力需要については２０２０年の４２００テラワット時に対して、２０５０年の５４００テラワット時と3割弱の増加を予想している。２０２０年の再生可能エネルギー率が20％だったので、30年間で再生可能エネルギー量を現在の約８００テラワット時から6倍の約５０００テラワット時に増加しなければならない。中西部の広大な砂漠などでの太陽光や風力資源を強みとして急拡大を図る。国産率も90％以上となる見通しである。

原子力にも力を入れる英国

英国は、２０２０年12月にビジネス・エネルギー・産業戦略省が「Net Zero and the Power Sector Scenarios」を作成し、２０５０年に向けて再生可能エネルギー59～65％、原子力26～32％、石炭・ガス＋ＣＣＵＳで7～８％からなる電源構成を提示している。再生可能エネルギーのうち風力は太陽光に対して2、3倍程度多くなっており、北海での洋上風力の拡大を目論んだものと考えられる。

英国の電力需要は、２０２０年の３１０テラワット時から２０５０年の６７０テラワット時と2・1倍に拡大すると推定されている。２０２０年の再生可能エネルギー率が43％なので、30年間の再生可能エネルギーの増加は現在の約１３０テラワット時から約４２０テラワット時の3倍程度と、中国や米国に比べて低くなっている。風況に恵まれた洋上風力を中心とする再生可能エネルギーと、積極的な原子力の導入による比較的余裕を持った計画といえる。原子力を準国産エネルギーと見なせば90％以上の国産率を達成できる。

風力拡大で再生可能エネルギー導入をリードするドイツ

ドイツは、2021年1月に再生可能エネルギー法を改正し、2050年までにドイツで発電・消費される電力について気候中立を達成するとの目標を定めた。そのために、2030年までに電源構成に占める再生可能エネルギーを65％、2050年までに100％とする目標が設定された。ドイツ連邦再生可能エネルギー協会によれば、その内訳は、風力36％（陸上77％、洋上23％）、太陽光61％、水力、バイオマスなどのその他の再生可能エネルギー3％となっている。

ドイツの電力需要は、2020年の約500テラワット時から2050年の約900テラワット時に伸びると予想されている。英国と比べると増加率が1・8倍になっている。2020年の再生可能エネルギー率が46％なので、30年間で再生可能エネルギー量を約230テラワット時から約900テラワット時へと4倍程度、米国に近いレベルで増加させることになる。原子力を廃止したうえで、平坦な陸地が多いアドバンテージを活かして太陽光発電と陸上風力を最大限導入し、100%近い国産化率を達成しようという目論見だ。

アマゾンの恵みを活かすブラジル

資源大国のブラジルはどうだろうか。鉱山エネルギー省は2020年12月、国家エネルギー計画（Plano National de Energia：PNE）を改定し、2050年に電源構成を水力80%、バイオマス8%、風力3%、その他の天然ガス発電などで12%とする目標を示した。

現段階では、ブラジルは最終エネルギー消費に占める再生可能エネルギーの比率が45%と世界1位で、同2位カナダの22%、同3位EU23カ国の19%に大きく水を空けている。

また、2020年時点の電源構成のうち再生可能エネルギーの割合は85%を占める。アマゾン川を擁する巨大な水資源により水力発電が発電量の61%を占めていることが理由だ。また、豊富な農業資源を背景に以前から運輸部門などでバイオエタノールが普及しており、風力発電も急拡大している。風力発電が急速に進んだのは、設備利用率が40%を超えるという風況の良さがあるからだ。

電力需要は、2020年の約580テラワット時から2050年の約1900テラワット時と3.3倍に増加する見込みだ。2020年の再生可能エネルギー率が85%なので、2050年に向けた再生可能エネルギーの導入目標が早期に達成されるように見えるが、電力需要が大幅に増えるため、再生可能エネルギーの供給量を約５００テラワット時から約１７００テラワット時に増加させなければならない。それが達成できれば90％程度の国産率を確保できる。

以上のとおり、英国のように原子力の導入拡大の方針を示している国では、２０５０年に向けた再生可能エネルギーの増加率は２０２０年比２倍程度で済むが、その他の国では、ブラジルのようにすでに再生可能エネルギー率が80％以上に達している国でも、再生可能エネルギーの供給量を３倍以上に拡大しなければならない。米国のように現状の６倍もの再生可能エネルギーを導入しなければならない国もある。これだけ挑戦的な方針を掲げてでも、脱炭素と90％以上の国産・準国産率を達成しようというのが世界の情勢である（図２-16）。

日本はＩＥＡモデルが達成できるか

経済産業省は２０２１年12月、総合資源エネルギー調査会において、再生可能エネルギー50〜60％、天然ガス火力＋ＣＣＵＳ／カーボンリサイクルと原子力を合わせて30〜40％、水素・アンモニアで10％という２０５０年の電源構成を示した。あくまで参考値として示されるにとどまり、詳細な内訳は明示されていない（図２-17）。

また、再生可能エネルギー50〜60％には、他国が太陽光や風力と別に表記している水力が含まれているので、太陽光、風力の比率は50％いくかいかないかというレベルだ。ＩＥＡ88％、

（図2－16）主要国の2050年に向けた再生可能エネルギー導入の方針

		中国	米国	英国	ドイツ	ブラジル	日本
再エネ電力量推定（TWh）	2050	8,700	5,100	420	900	1,670	700〜840
	倍（差）	4.4倍（6,700）	6.0倍（4,260）	3.2倍（290）	3.9倍（670）	3.4倍（1,180）	4.3倍（約590）
	2020	2,000	840	130	230	490	180
電力需要推定（TWh）	2050	11,200	5,400	670	900	1,900	1,400
	2020	7,400	4,200	310	500	580	860
再エネ率	2050	**78%**	**94%**	**63%**	**100%**	**88%**	**50〜60%**
	2020	27%	20%	43%	46%	85%	21%

出所：各種資料を基に筆者作成

中国78％、米国94％、ドイツ100％、ブラジル85％と比べて極めて低く、原子力を30％程度導入するとしている英国の59〜65％も下回る（図2−18）。

国立環境研究所、自然エネルギー財団、日本エネルギー経済研究所、地球環境産業技術研究機構（RITE）などの研究機関の予測によると、2050年の日本の電力需要量は平均して1400テラワット時と、2020年の860テラワット時の1・4倍程度の増加にとどまっている。一方、再生可能エネルギー率は、2020年の21％から2050年の50〜60％に増加するため、再生可能エネルギー量は2020年の180テラワット時の4・3倍に相当する770テラワット時まで増やさないといけない。

再生可能エネルギーの増加量は約600テラワット時とドイツと同程度だが、ドイツの目標が再生可能エネルギー率100％であるのに比べて、日本は水力を含めても50〜60％でしかない。

(図２－17)2050年のカーボンニュートラルの想定

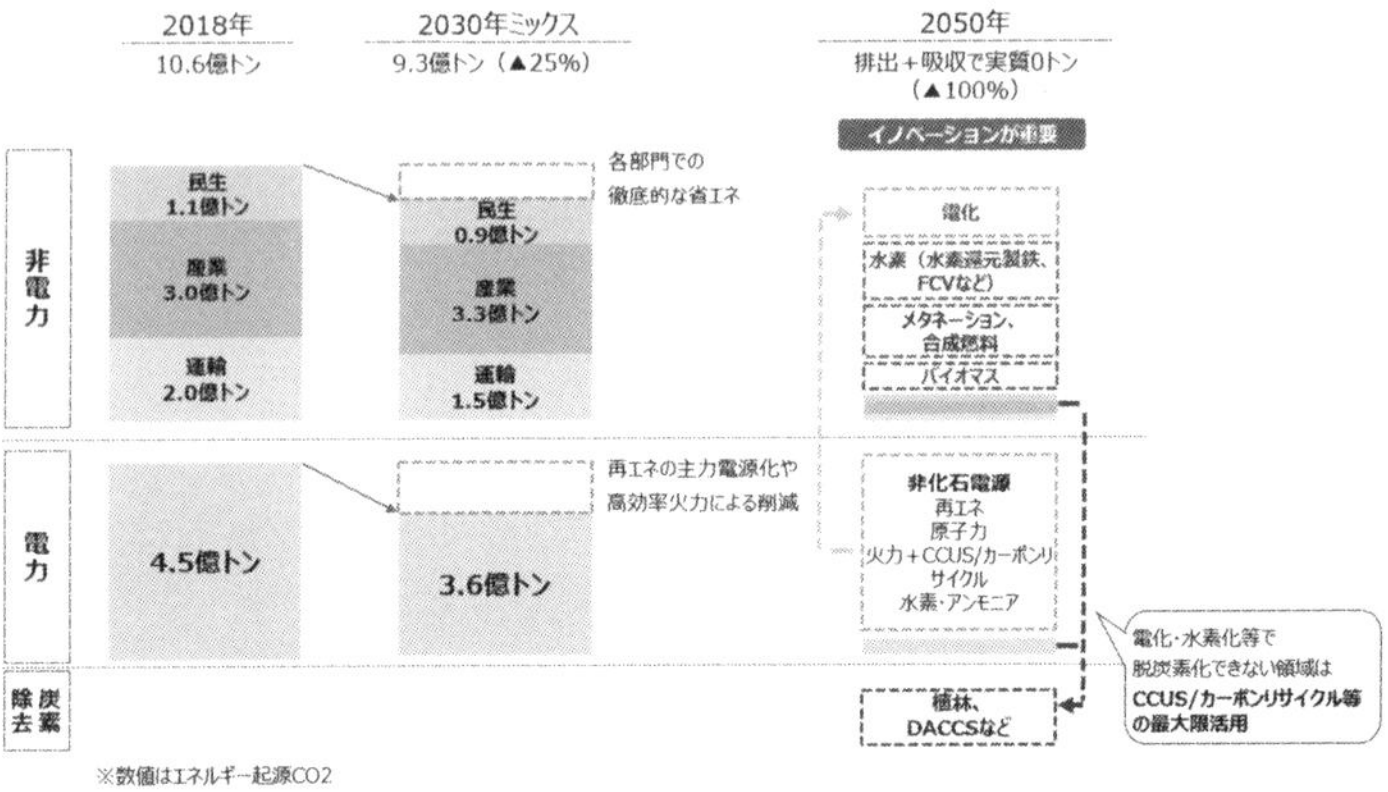

出所：経済産業省資料

国産率については、再生可能エネルギーの50～60％に準国産の原子力の導入量をＩＥＡと同程度の10％程度と仮定して加えると60～70％程度になる。他国が軒並み90％以上の国産率を目指していることを考えると見劣りする目標だ。

このように、脱炭素においても国産率においても、日本は欧米のみならず、中国やブラジルにも後塵を拝するのが現状だ。その最大の原因は、再生可能エネルギー供給の絶対量が少ないことにある。日本と大陸国の再生可能エネルギーの供給力の差は、２０５０年の電源構成の数字よりさらに大きい。中国や米国のように未利用の広大な平地を擁する国では、水素の製造に要する電力を含めたうえで再生可能エネルギーの導入量の設定している。こうした国では、再生可能エネルギーの導入限界が２０５０年の導入目標より高いレベルに

（図２－18）主要国が目指す2050年の電源構成

（%）

<table>
<tr><th></th><th>IEA</th><th>中国</th><th>米国</th><th>英国</th><th>ドイツ</th></tr>
<tr><td>太陽光＋風力</td><td>６８</td><td>６２</td><td>８９</td><td rowspan="3">５９～６５</td><td rowspan="3">１００</td></tr>
<tr><td>水力</td><td rowspan="2">２０</td><td>１２</td><td>４</td></tr>
<tr><td>その他再生可能エネルギー</td><td>２</td><td>１弱</td></tr>
<tr><td>原子力</td><td>１０</td><td>１６</td><td>４</td><td>２６～３２</td><td></td></tr>
<tr><td>水素</td><td rowspan="2">３</td><td></td><td>２</td><td></td><td></td></tr>
<tr><td>火力＋CCSなど</td><td>９</td><td>１弱</td><td>７～８</td><td></td></tr>
</table>

出所：各種資料を基に筆者作成

あると考えられる。これに対して、考えられる再生可能エネルギーを総動員しても、他国に比べて見劣りする再生可能エネルギー率を設定するのがやっとというのが日本なのだ。

日本には、本当に再生可能エネルギーがないのだろうか。

Global Wind Energy Council（世界風力会議）のChair of Global Offshore Wind Task ForceのAlastair Dutton氏は、２０２１年10月７～８日に福岡県北九州市で開催された「世界洋上風力サミット」で、「日本の洋上風力発電の導入可能量は、日本の全電力需要量の８倍になる」と発言している。

しかし、これは、洋上風車を技術的に設置可能かどうかを見ており、技術以外のさまざまな制約、例えば、漁業との折り合いや景観保護、陸上の送電線との連系の可否、これらを踏まえた経済性などが十分考慮されていない可能性がある。第4章で述べるように、日本は、特有の国土構造、自然環境、平地における人口や産業の密度などの理由で、大陸国と同じように再生可能エネルギーを確保することができないのである。

　日本は、自国内の再生可能エネルギーの導入環境に制約があることを受け入れ、独自の再生可能エネルギーの比率の向上策を模索していかなくてはならない。そこで、政府が頼りにしようとしているのが水素発電と「天然ガス火力＋ＣＣＵＳ／カーボンリサイクル」だ。海外の再生可能エネルギー由来の水素を使えば、再生可能エネルギー率を20～30％程度向上させることができるが、コストは高い。また、今後の天然ガスの価格を考えると「天然ガス火力＋ＣＣＵＳ／カーボンリサイクル」のコストは、海外の再生可能エネルギー由来の水素を使った発電よりも高くなる可能性もある。欧米や中国が経験していない独自の再生可能エネルギー導入策を考えないといけないのが、日本が置かれた立場といえる。

　次章以降では、大陸発の再生可能エネルギーの導入策に依存することのリスクと日本独自の導入策を考えていこう。

第3章

再生可能エネルギーを取り巻く3つのリスク

（1）市場リスク

ＦＩＴからＦＩＰへ

日本では、東日本大震災後の翌年、２０１２年に再生可能エネルギーの固定価格買取制度（Feed in Tariff：ＦＩＴ）が始まった。当初の買取価格の設定が高すぎ、ソーラーバブルなどの問題を生んだが、ＦＩＴによって再生可能エネルギーの導入が飛躍的に進んだことは間違いない。制度発足から10年が経過し、ＦＩＴは、２０２２年に経済性が比較的高いメガソーラーや大規模風力発電からＦＩＰ（Feed in Premium）に移行することとなった。ＦＩＴでは認定期間中、買取価格が固定されるのに対して、ＦＩＰでは市場買取価格に一定のプレミアムを上乗せする。これにより、再生可能エネルギーを電力市場での取引対象に組み込んで市場メカニズムを効かせ、再生可能エネルギー賦課金を抑制して国民負担を軽減することが狙いだ。

２０２２年６月にはメガソーラーで初めてのＦＩＰの入札が行われ、13件の応札事業から５件が落札された。合計１７９メガワットで落札価格は平均９・87円／キロワット時である。ＦＩＰになると太陽光のように変動の大きな発電事業はリスクが高まるとの懸念もあったが、制度発足時としては順調な滑り出しとなった。

(図３－１)FIT制度とFIP制度の違い

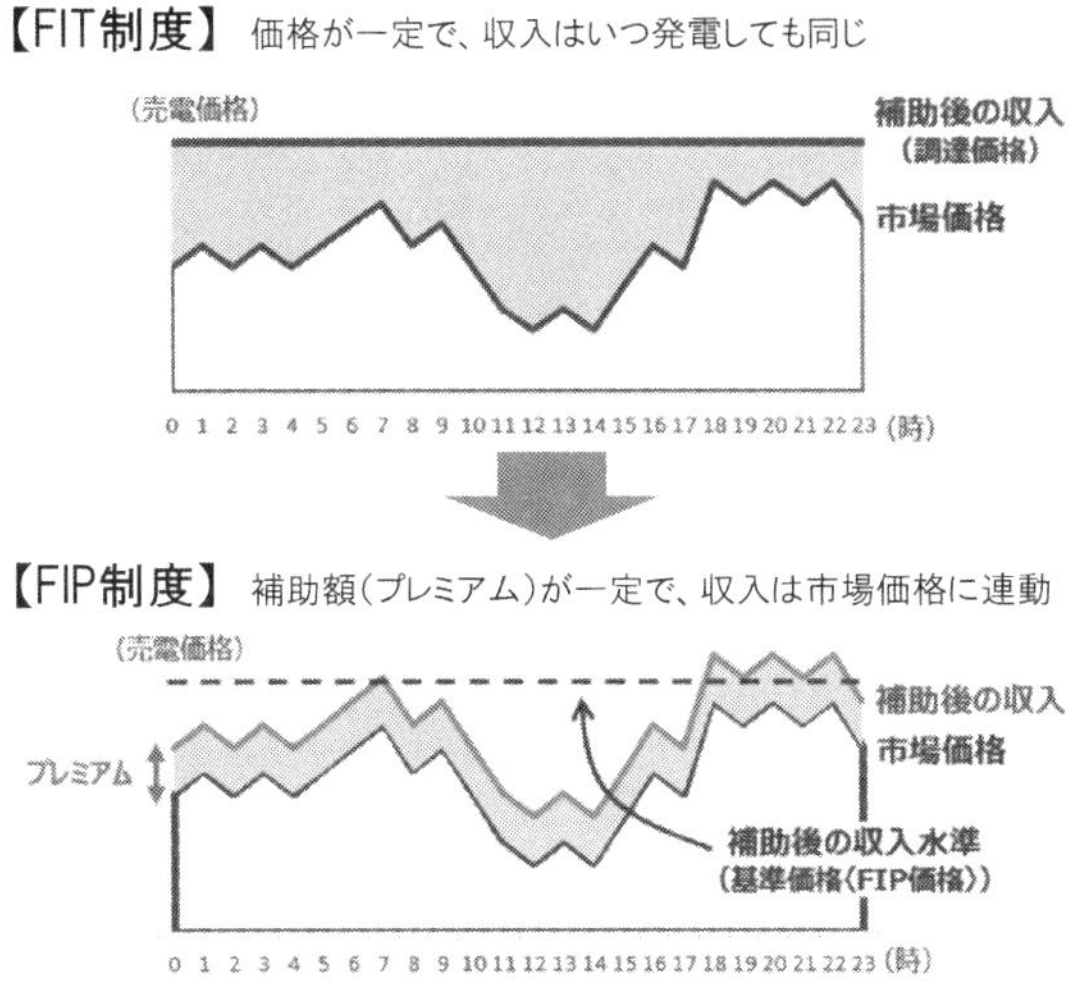

出所：経済産業省資源エネルギー庁ホームページを基に筆者作成

ＦＩＰのプレミアムが上乗せされた売電単価は、ＦＩＴと同等になるように開始されるとしているので、再生可能エネルギー事業者は、移行後の収益が見通しやすくなっている。一方で、ＦＩＰへの移行に伴い、再生可能エネルギー事業者には、いくつかのリスクが発生する。

再生可能エネルギーにも市場変動リスク

一つ目は、従来、再生可能エネルギー発電事業者には免除されていた「再生可能エネルギー発電の計画値と実績値の差」を調整するコスト（バランシングコスト）を負担しなくてはならないことだ。再生可能エネルギー発電事業の発電量は天候によって変化するため、事前に天候予測に応じて発電計画を作成して電力広域的運営推進機関に通知することで、市場側で需給調整を行っている。実際に天候の予測が外れ、計画値と実績値が違った場合には、市場側の負担で揚水発電、火力発電、蓄電池などを確保し、需要とのバランスを取っている。ＦＩＰに移行されると、こうした設備の確保と運用のコストの一部を、再生可能エネルギー発電事業者が負担することになる。再生可能エネルギー事業者にとって、天候の予測能力が収益を大きく左右するようになる。

二つ目は、単価のベースが市場価格となるため、電力取引の市場価格によって収入が上下することだ。火力発電であれば、市場価格が低下して採算割れになりそうな場合には、供給量を絞って損失を最小化することもできる。しかし、再生可能エネルギーは自然任せで生産されるので、市場価格に合わせた調整ができない分、価格変動の影響を受けやすくなる。

こうしたリスクに対応するために、適切な予測を行って需給の乖離を最小にするとともに、複数の事業者と連携して電力の売買のタイミングを調整する「アグリゲーター」というビジネスが期待されている。再生可能エネルギー先進国であるドイツでは、10社のアグリゲーターが国内の再生可能エネルギー電源の70％程度を調整している。日本でもアグリゲーターの普及が期待されるところだが、需給の乖離のリスクをゼロにできるわけではないし、アグリゲーターの運用にコストがかかるので、ＦＩＴの時代に比べて再生可能エネルギー発電事業者のリスクが高まることは変わらない。

環境価値の扱いの違い

ＦＩＰとＦＩＴのもうひとつの大きな違いは、環境価値の扱いだ。ＦＩＴでは、再生可能エネルギー由来の電力の環境価値は受益者、つまり再生可能エネルギー賦課金を支払う需要家にあった。需要家は、自宅のコンセントに電気製品のプラグを接続すれば、購入先の電力会社の再生可能エネルギー比率に応じた再生可能エネルギーを利用できた。これに対してＦＩＰでは、再生可能エネルギー電力の環境価値は市場で取引され、需要家はプレミアムに相当する補助額だけを負担する。環境価値を購入したい企業などが増えてきたため、環境価値の取引をできるようにするためである。電力と環境価値が一体だと環境価値を購入するには、再生可能エネルギー設備を含む発電コストを負担しなければならず、購入のハードルが上がってしまう。ＦＩＰでは環境価値を分けて取引するために再生可能エネルギー電力の環境価値の「非化石証書」を売買する仕組みが導入される。つまり、需要家は、ＦＩＴでは再生可能エネルギー由来の電力を得るために賦課金を払ってきたが、ＦＩＰでは、環境価値を非化石証書で取引する企業などに譲り、環境価値のなくなった電力を利用することになるのだ。一般の需要家が企業などの再生可能エネルギー導入に協力している構図だ。こうした費用負担の仕組みを国民が受け入れ続けるかはわからず、制度の持続可能性のリスクがある。

調整市場の創設

再生可能エネルギーの導入拡大に伴って計画値と実績値の乖離の絶対値が大きくなるため、調整コストも増大する。送配電網の運用では、特定の電源の優遇や過大なコスト負担が生じないように、必要な調整力を確保することが重要になる。

従来は、一般送配電事業がエリア内で調整力を公募し、需給を調整（調整力公募）していたが、2021年4月、一般送配電事業者の各エリアを越え、広域的に調整力を調達できる「需給調整市場」が開設された。需給調整市場では、複数の地域の一般送配電事業者が必要な調整力を提示し、調整力のある事業者が応札する仕組みになっている。市場では、調整の応答が遅くてもよいものから順次早いものに対象を拡大していく（図3-2）。同年には、「発電などの指令を受けてから指令どおりの出力に達するのに要する時間（応動時間）」が最も遅い（45分）までを許容する商品（三次調整力②）の取引から始まり、2022年には、少し早い（15分）応動時間が求められる商品（三次調整力①）へと取引を拡張した。今後、2024年からは、さらに短時間（5分）での応動時間に対応可能な調整力商品（二次調整力）、10秒以内の商品（一次調整力）まで取引できるように市場を拡張していく予定となっている。現状、需給調整市場は十分機能していない。図3-3には、2021年度の調整力の確保の状況を示すが、100％調達できた月はほぼなく、月平均で25％不足するときもある。エリアを拡大しても、調整力を確保するのは、容易ではないということだ。

現在は、送電事業者が調整力を確保したうえで調整力の公募が行われているため、調整力が不足しても対応できている。需給調整市場が本格化する２０２４年度からは、市場で確実に調

（図３－２）調整力市場の商品区分の考え方と導入スケジュール

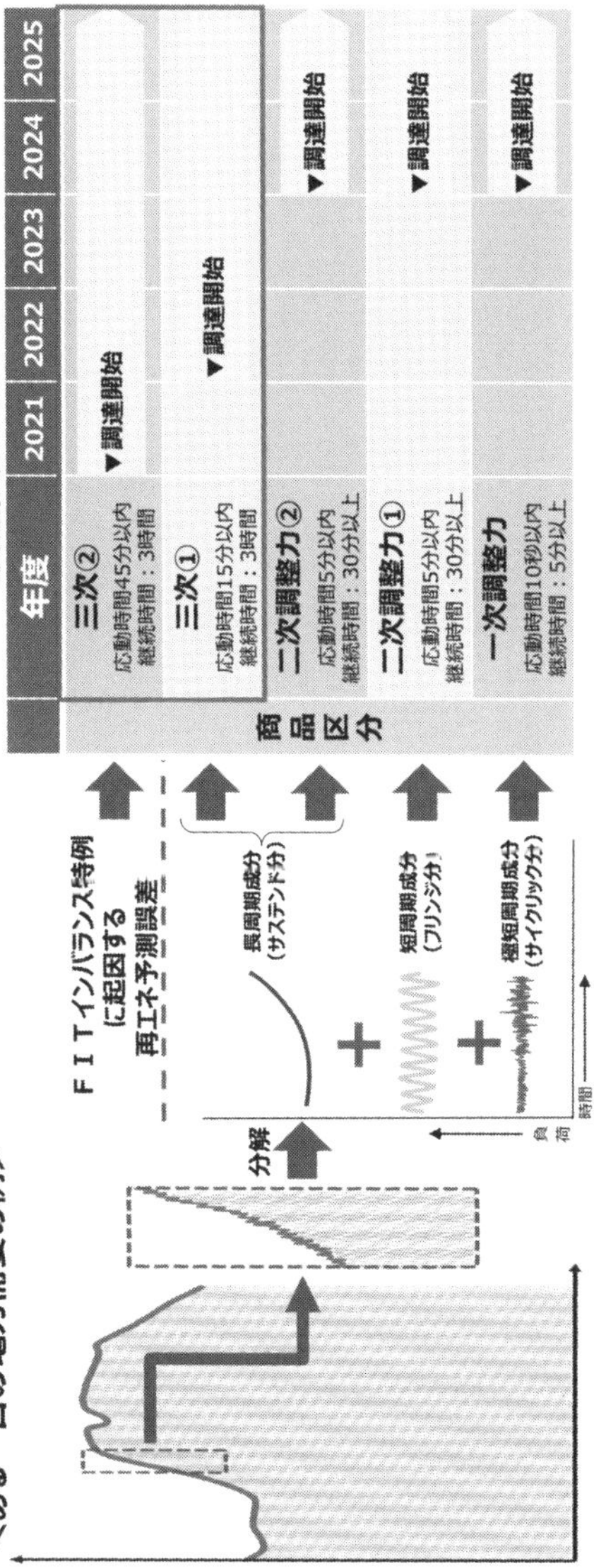

出所：経済産業省資源エネルギー庁ホームページ

（図3－3）2021年度の調整力三次②市場の募集量と調達量の実績

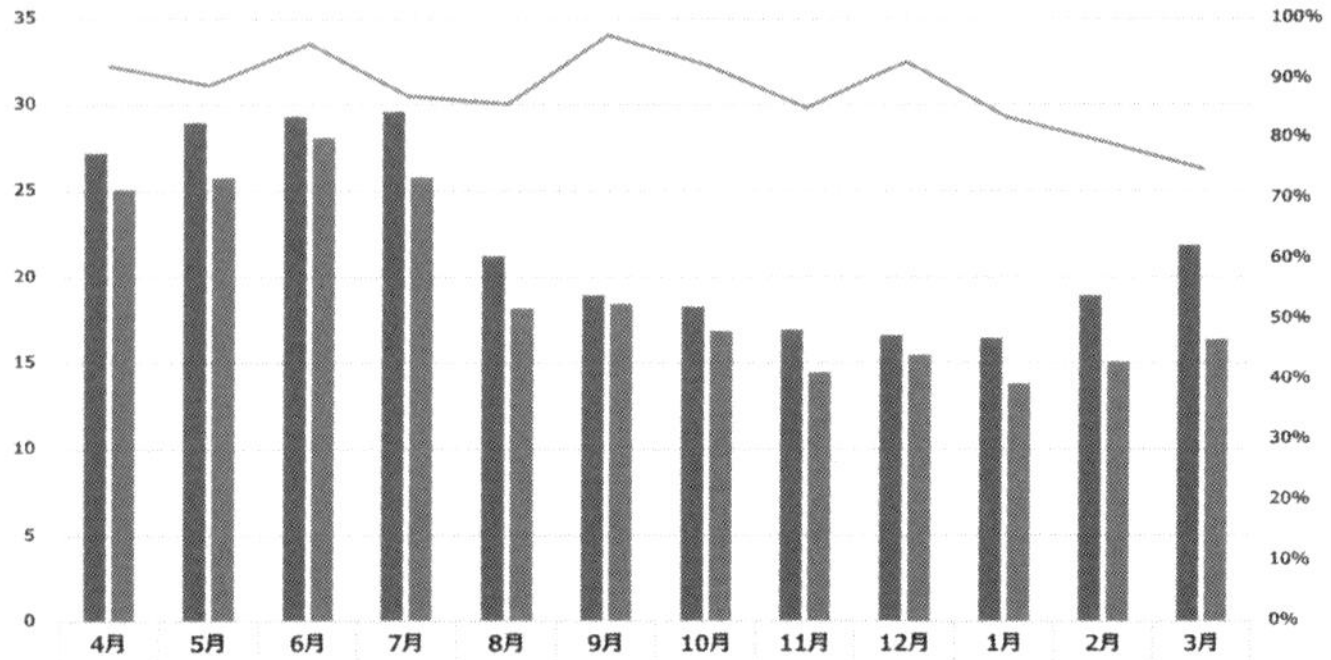

	4月	5月	6月	7月	8月	9月	10月	11月	12月	1月	2月	3月
募集量	27.24	29.00	29.34	29.60	21.24	18.97	18.31	16.97	16.66	16.49	18.94	21.86
調達量	25.11	25.80	28.10	25.80	18.23	18.46	16.88	14.45	15.47	13.79	15.06	16.40
調達率	92.2%	88.9%	95.8%	87.2%	85.8%	97.3%	92.2%	85.1%	92.8%	83.7%	79.5%	75.0%

出所：経済産業省資源エネルギー庁資料

整力が確保できるように市場環境の整備が急がれる。

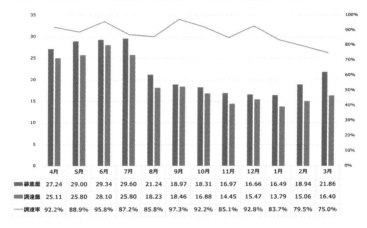

調整市場の課題

需給調整市場への参加者が少ない理由は、多少専門的になるが、経済産業省資源エネルギー庁によれば主に以下の3点とされている（図3-4）。

一つ目は、応札する際の調整力の取引単位（ブロック）の問題である。調整力は30分単位で募集されているが、3時間をひとつのブロックとしているため、応札側は、6つのコマの中の最小の供出量でしか応札せざるを得ないため、調整力をすべて利用することができず、調整力が無駄になっていた。一方で、募集する側は、必要量が最大のコマを基準に3時間分のブロックの調整力を募集しなくてはならないため、調整力が使い切れずに

(図３－４)調整力市場の課題と改善方策

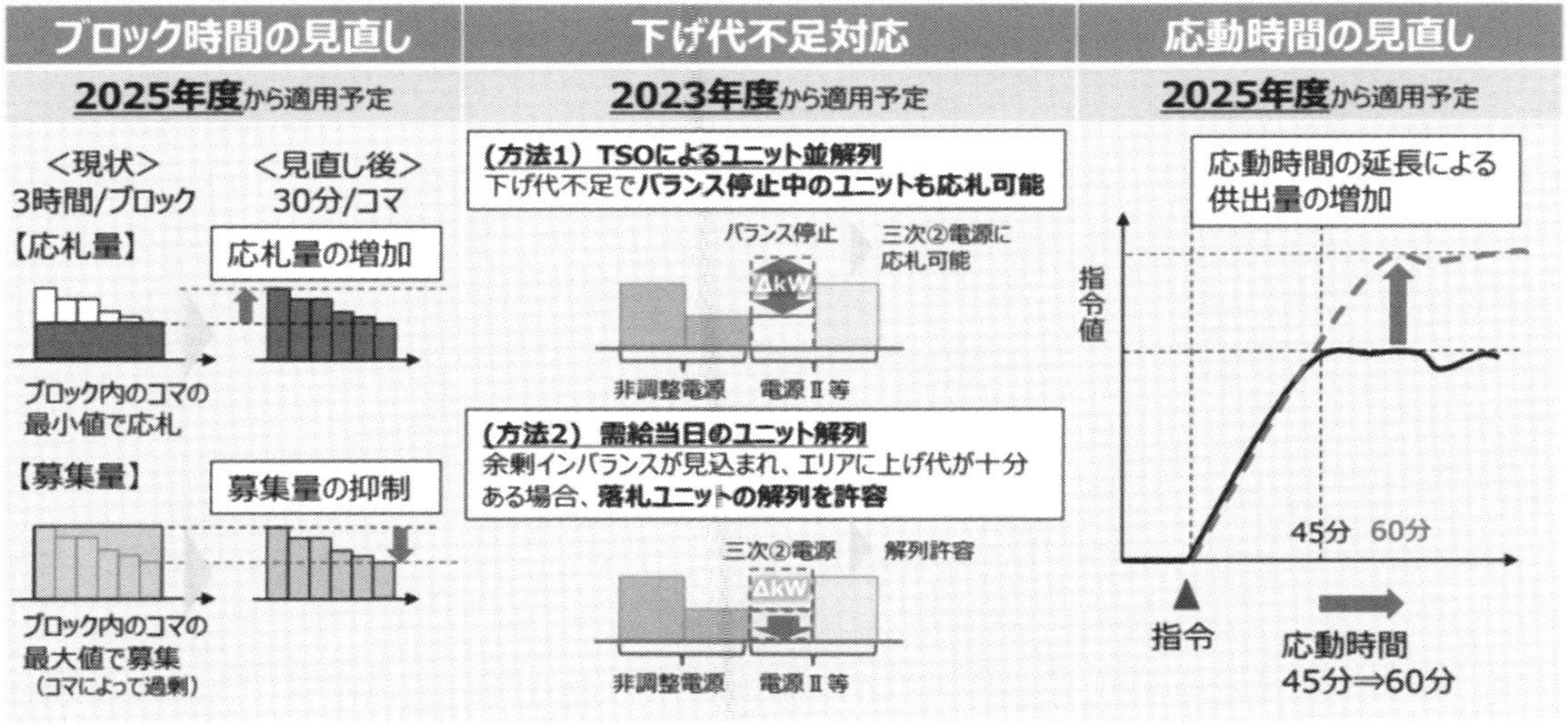

出所：経済産業省資源エネルギー庁資料

無駄になっていた。ブロックの取引量を増やそうと取引単位を制限したことが、効率を悪くしていたのだ。

こうした問題に対して現在、日本卸電力取引所（ＪＥＰＸ）の通常スポット取引と同様、３時間ブロックの制限を撤廃し、30分のコマ単位で取引できるように変更する案が検討されており、２０２５年には適用される見通しである。

二つ目は、調整力のバックアップ（下げ代）不足の問題である。再生可能エネルギーの出力が大きく火力などの発電量が少ない時間帯では、電力の余剰を吸収する「下げ代」が不足する。この場合、火力などの電源は調整力として利用できない。これに対しては、バックアップ（下げ代）を持った調整電源を応札できるように市場ルールを変更する案が検討されている。こちらは２０２３年に適用される見通しである。

三つ目は、応動時間の問題である。２０２１年度から始まった需給調整市場では、実際の電源調整の60分前までに準備を終えることになっている。一方、オンラインで調整する時間などの余裕を見込んで、45分以内に準備できることが要件とされた。その分、準備できる量が制限され、市場に提供できる調整力が減ってしまう。

こうした課題に対し、準備時間を45分から60分に延長する案が検討されている。この改善案の適用は２０２５年からとされている。

以上のような改善によって、応札側も、募集側もある程度効率的な対応が可能になり、調整市場で取引される電源が増えることが期待される。

一方で、これらの施策が適用されるのが早くて2023年、一部は2025年からとなっており、2024年に需給調整市場が現状の調整力公募市場から完全に独立するのは難しくなる可能性がある。

問われる地域間の融通

調整力は、送電事業者のエリアを跨いで、需給のマッチングの範囲をできるだけ拡大したいところだが、そのためには、一般送配電事業者の間の電力を融通できないといけない。特に、再生可能エネルギー電源の接続が多い九州や、今後、洋上風力などの接続が拡大する北海道などでの需給を調整するには、近隣の送配電事業者だけではなく、より広範なエリアでの連携が必要になる。従来から送配電事業者間の融通は行われているが、拡大する調整力のニーズを満たせるようなレベルではない。こうしたニーズもあって現在、エリア間の連携線の大幅な増強が計画されている。2030年頃には、電力融通の環境がかなり改善されているはずだ。

広域での調整力ができないと、太陽光発電や風力発電など変動が大きな電力は、送配電網を通じて供給できなくなる。調整ができなければ、再生可能エネルギー由来の電力が多いときは出力制御（受け入れできない再生可能エネルギー電力を捨てる）し、少ないときは火力発電所などで補わなければならない。その可能性は、再生可能エネルギーの導入拡大に伴って増加し続ける。

再生可能エネルギーの導入量が多い九州電力は、大規模停電を防ぐため、2018年に日本で初めて太陽光発電の発電停止を求める出力制御に踏み切った。それ以降も発電停止は拡大しており、同年度に26回だった発電停止回数が2019年度は74回まで増加し、ピーク時の平均で112万キロワットもの発電機能が失われた。大型の原子力発電所1基分に相当する容量だ。2021年度は年間停止回数が92回へと増加しており、2022年度からは九州以外のエリアでも出力制御が開始されるようになった。売電収入が減る事業者からは不安視する声が上がっている。

こうした状況に対して、萩生田光一経済産業大臣（当時）は、2022年4月の閣議後記者会見で、出力制御を減らすため「大型の蓄電池の開発など（電力を）貯める技術を持たないといけない」と指摘している。

LNG価格高騰は再生可能エネルギーにも波及

石油天然ガス・金属鉱物資源機構（JOGMEC）によれば、欧州のLNG価格は、

（図３－５）LNG価格の推移

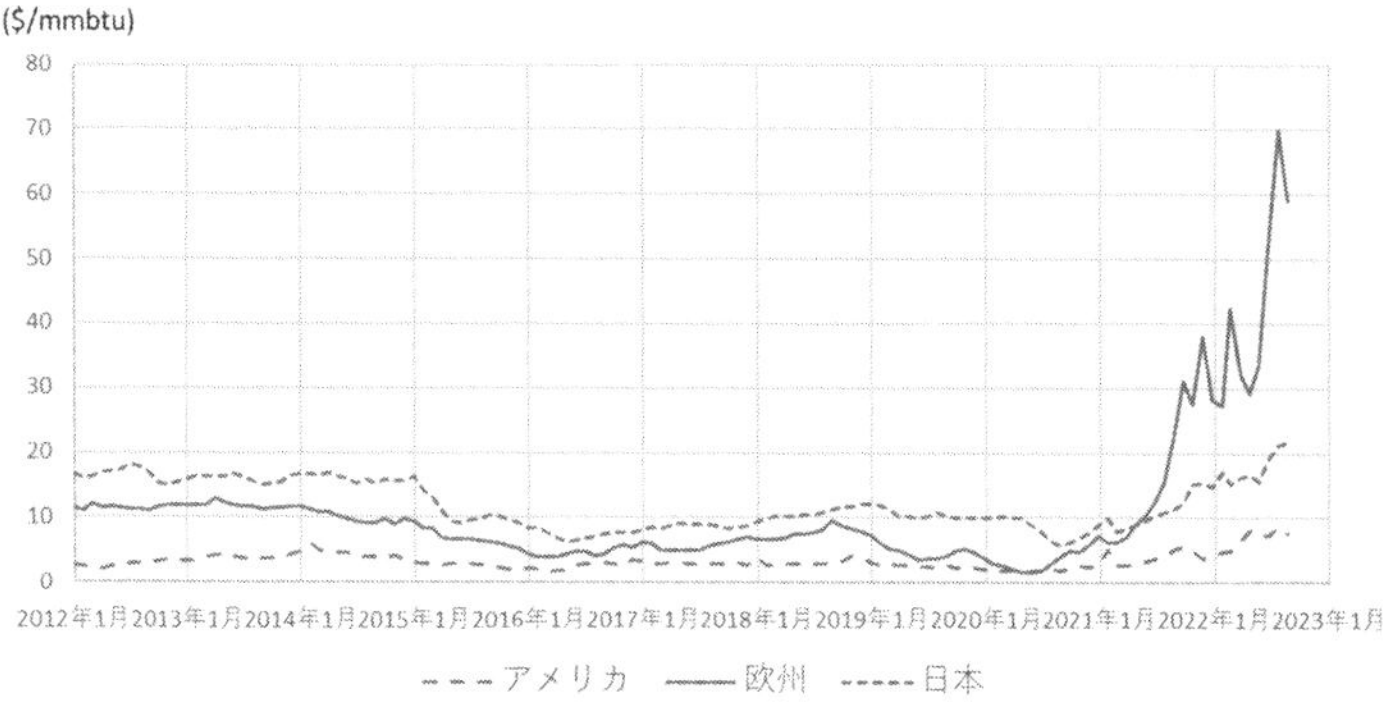

出所：The World Bankの資料を基に筆者作成

２０２０年初頭まで低位安定して１００万Ｂｔｕ（天然ガス25立方メートル、18キログラム程度に相当）当たり５米ドル程度で推移してきたが、２０２０年４月末に史上最安値の１・83米ドルを記録し、その後に上昇基調に転じた。２０２０年８月に入って生産設備の供給障害、２０２１年１月の寒波の影響における需要の急増で32・５米ドルの史上最高値を付けたが、同年２月下旬にかけて価格は下落した。

しかし、２０２１年になると９月頃からコロナ後の電力需要の回復に対する供給不足で月平均31米ドル、瞬間的には60米ドルを上回り、２０２２年３月にはロシアのウクライナ侵攻により一時80米ドルまで急騰した。その後も２０２２年８月に50米ドルの高値で推移している。２０２０年初頭までの安定期から比較すると10倍、この１年でも５倍まで高騰したことになる。

ＬＮＧの高騰は、調整力市場に大きな影響を及ぼす。

図3‐6には、需給調整市場の調達価格の推移とLNG価格の推移を示すが、両者には高い相関があることがわかる。調整力の価格は、2021年の夏以降は平均で1・96円／キロワット、30分から3・54円へと2倍弱高騰している。

LNGの価格が調整力の価格に影響を及ぼすのは、調整力のLNG火力発電への依存度が大きいためだ。2021年度前半の調整力の電源構成を見ると、45％程度がLNG火力発電、40％程度が揚水発電、その他は石油と石炭で15％程度となっている。

LNG火力が調整電源として多く利用されるのは、変動への追従性が高いためである。LNG火力発電の起動時間は1時間程度（8時間停止後）であるのに対し、石油火力発電は3時間、石炭火力発電は4時間かかる。出力変化速度も1分で5％と、石油の3～5％、石炭の1～3％と比較すると高い。

一方、追従性という点では、LNGより揚水発電のほうが優れている。揚水発電の起動時間は5分程度、出力変化速度も1分で50～60％と圧倒的な性能を有している。

日本では、安定稼働する原子力発電の電力を需要に対応させるために1980年代までに多くの揚水発電が建設された。2019年時点で、全国に約40カ所、合計26ギガワットの設備容量があるので、1日5時間蓄電すれば130ギガワット時という膨大な蓄電容量を得ることができる。設備利用率も3％程度であり余裕は十分だ。

(図３－６）LNG価格と調整力市場の調達価格の相関性

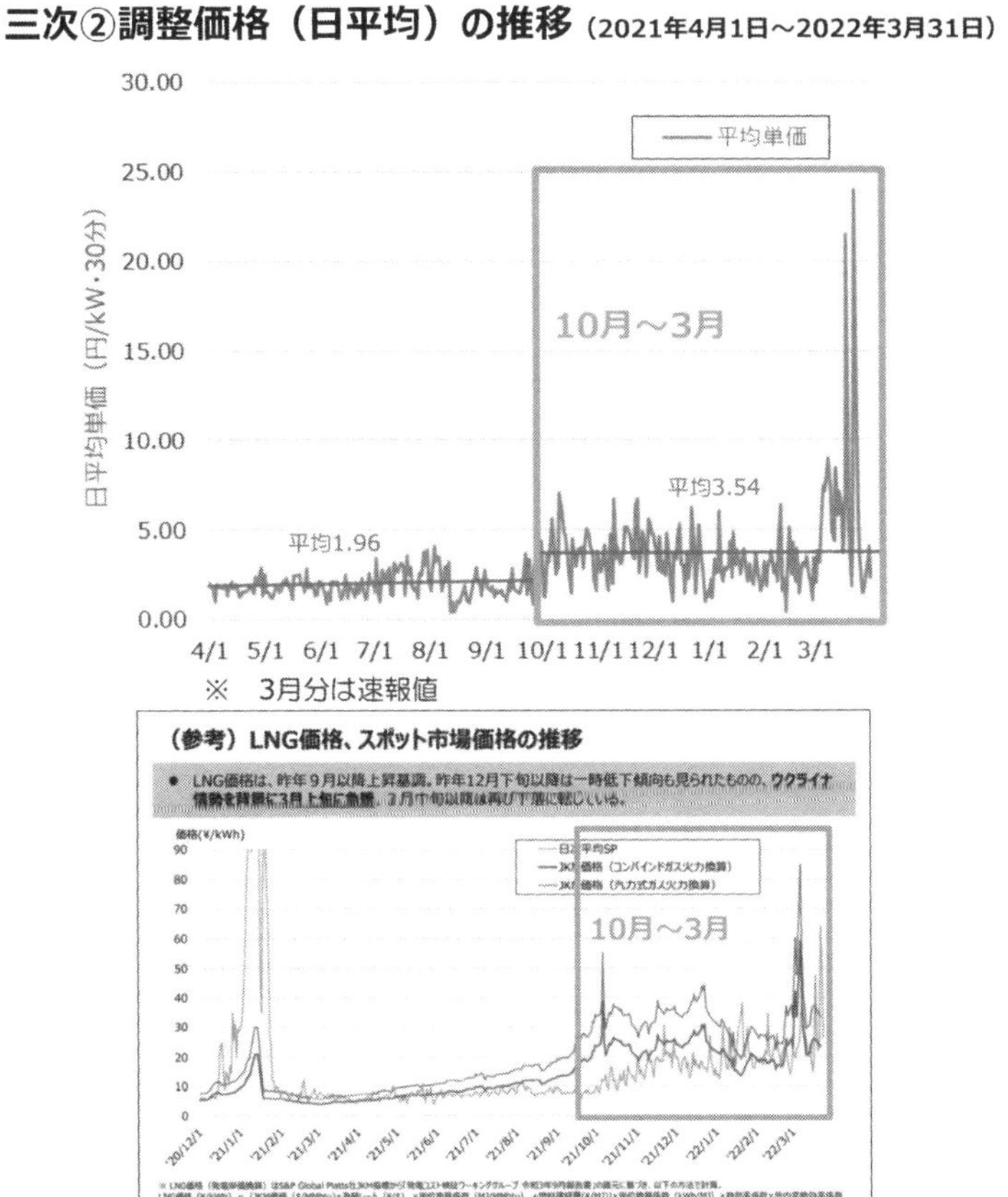

出所：経済産業省資源エネルギー庁資料

（図３－７）調整力市場（三次②）の応札電源構成（2021年４～８月）

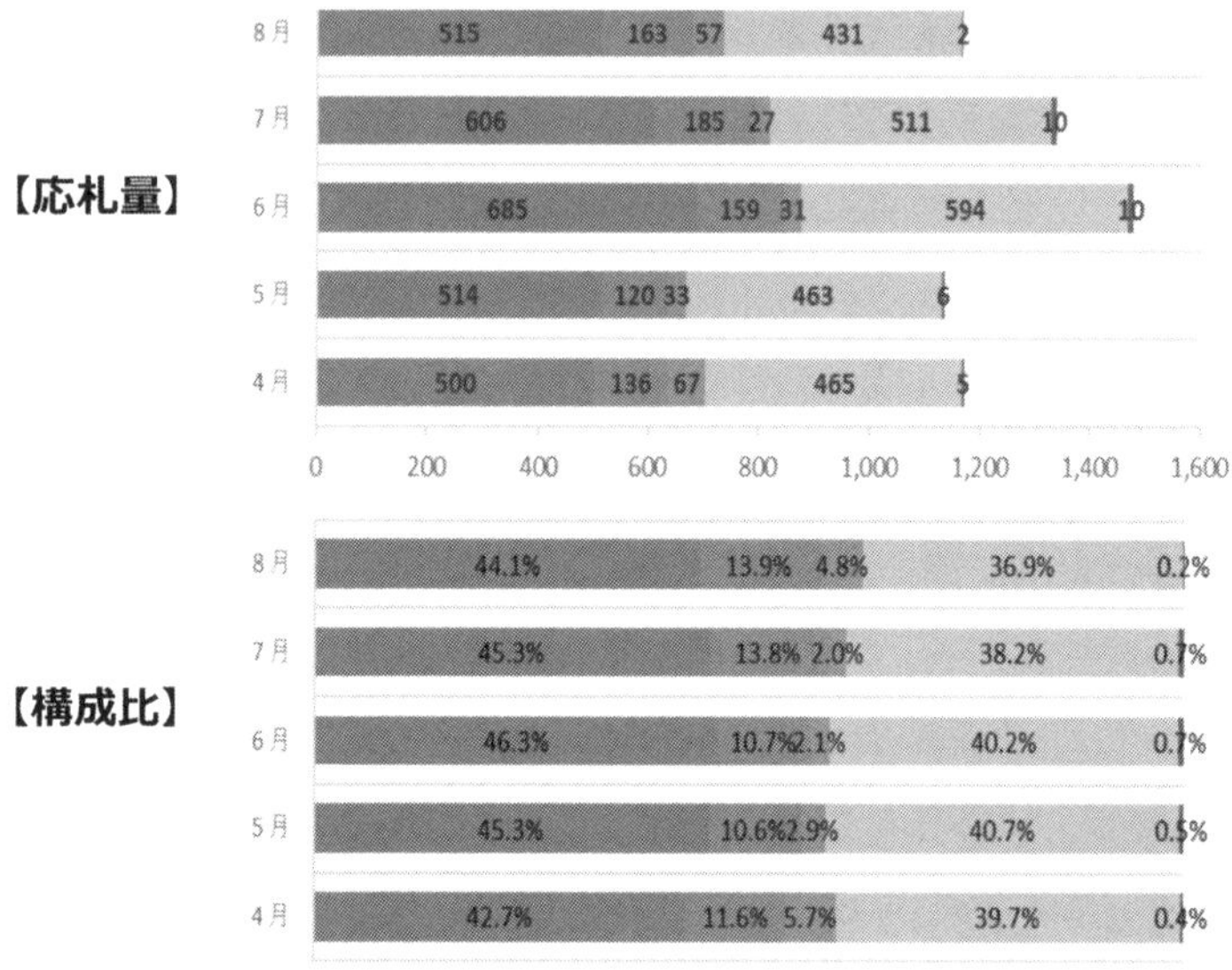

出所：経済産業省資源エネルギー庁資料

その揚水発電の利用量がＬＮＧ火力より少ないのは、設備容量の問題というよりコスト面の問題が大きい。揚水発電で下池から上池までポンプで水を汲み上げる際の効率は70％程度だ。つまり、揚水発電で充電すると、３割程度のエネルギーロスが発生することになる。ＬＮＧ火力で発電すれば、充電のロスは発生せず、燃料のエネルギーを直接調整力に利用することができる。電力を調整する立場からＬＮＧで調整できるものは、できる限りＬＮＧで調整するほうが効率的なのだ。

　このように、現時点では、ＬＮＧ火力は調整力の拡大に大きな影響を及ぼし、同時に再生可能エネルギー導入量の増加にも影響を与える。脱炭素の流れでLNG火力への投資が滞ったり、LNG価格が高騰することは再生可能エネルギー導入のリスクにもなるのである。

政治リスク

再生可能エネルギー事業の想定されるリスクとして政治リスクがある。再生可能エネルギーに関わる機器や原料などは、グローバルなサプライチェーンが形成されているため、ひとたび政治リスクが顕在化すれば、価格が高騰したり、安定稼働が脅かされたりするからだ。現在、太陽光発電設備の事業者は、政治リスクに対応するためのサプライチェーンの多様化を進めているが限界がある。

というのは、現在主流の太陽光発電のパネルの80％、その原料であるポリシリコンの80％、太陽光パネル向けのガラスの90％が中国に依存しているからである。これだけ一国に資源と部材が集中すると、中国との安定した関係なしに事業の安定も成り立たない。

IEAのビロル事務局長は2022年7月、豪州シドニーでの講演で「世界がある製品をひとつの国に依存するのは、エネルギー安保の観点から考えねばならない」と、供給網の不均衡是正を促した。

サプライチェーン偏在の問題は、今まさに顕在化している。2021年から続く太陽光発電

（図３－８）太陽光発電モジュールの価格推移

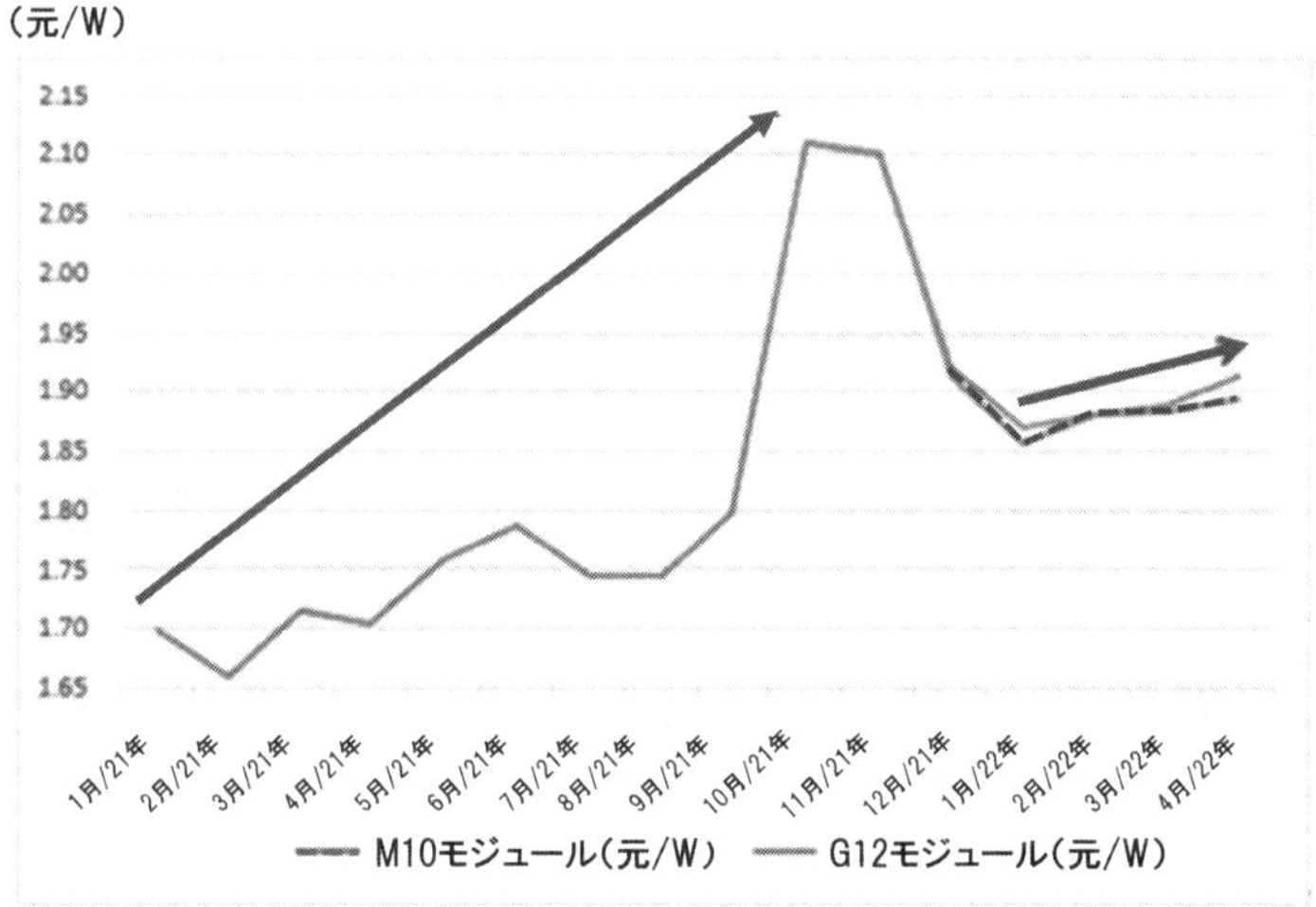

出所：ヨーロッパ・ソーラー・イノベーションホームページを基に筆者作成

設備関連のコストの上昇は、コロナ後の市場の再立ち上げが円滑にいかなかったことがきっかけではあるが、今になっても上昇が収まらず、今後の見通しも不透明な状況である。その原因としていくつかの点が指摘されている。

一つ目は、コスト上昇の主因とされる原料の需給のアンバランスである。ポリシリコン、ガラス、銅、樹脂、鉄、アルミといった価格が高騰している。ポリシリコンの価格は、２０２１年１月には１トン当たり約１６０万円だったが、同年11月には3倍以上の約５５０万円に高騰した。ポリシリコンの生産能力の拡張が限定的だったところで、コロナ後に世界的に需要が高まったことが原因とされる。

ポリシリコンの価格高騰は、川下のさまざまな部材の価格を押し上げた。ウエハは前年比40％以上高騰、セルはウエハの高騰の影響で前年比30％程度上昇、モジュールの価格も前年比10％強の上昇となった。

ガラスは、2020年7月から同年末までの半年で2倍に高騰し、2021年に入っても上昇が続いていた。両面ガラス型の太陽光パネル向けのガラスや大型ガラスの需要が急拡大したにもかかわらず、中国政府の工場新設規制などにより設備増設が進まず、供給力が制約されたことで価格が高騰したとされる。

二つ目は、部材増産の制約である。中国では、2021年から部材の増産体制をつくり難くなっている。その原因のひとつが中国の「第14次五カ年計画」といわれている。中国政府は、「第14次五カ年計画」で同年からの5年間で13・5％の省エネ目標を掲げており、エネルギー消費量を毎年3％削減する計画を策定した。計画を実行するために、中央政府は地方政府に省エネ目標を振り分け、毎年12月に評価を行い、翌年に結果を公表することになった。

しかし、2021年は、前半に気温の上昇によって電力需要が増え、新型コロナからの経済回復で工場の稼働率が高まり、思うように省エネが進まなかった。こうした状況のなか、国家発展改革委員会は、同年8月に地域ごとの省エネ目標の達成状況を公表した。中国では、中央政府が示した政策目標は必達であり、地方政府や民間企業は、あらゆる手段を講じて目標を達成しようとする。その結果、工場の設備の増設や生産量の拡大が難しくなり、計画停電なども実施されて生産が制約されたのだ。中国特有の脱炭素化の取り組みが、コロナ後の経済活動拡大のタイミングと重なって需給のアンバランスが生じた。

三つ目は、輸送の需給アンバランスである。2021年に入り、コロナ後の経済回復が始まると出荷の遅れがボトルネックとなって、消費エネルギー（ワット）当たりの輸送コストが2019年9月の0.005米ドル／ワットから2021年10月の0・03ドル／ワットと6倍に上昇した。太陽光パネルの輸送費は、コストの4分の1から3分の1を占めるといわれており、太陽光発電設備の価格に大きなインパクトを及ぼしている。

四つ目は、人権問題である。2021年2月、米国の太陽エネルギー産業協会は、強制労働など倫理的問題の抑止を表明する署名活動を行った。これにより、サンパワーなど世界の175の太陽光発電関連企業が、太陽光発電設備のサプライチェーンにおける強制労働に反対する誓約書に署名した。

米国政府も、2021年6月に英国で開催されたG7サミットにおいて、「われわれは、農業・太陽光・衣類の部門を含め、グローバルなサプライチェーンにおいて、あらゆる形態の強制労働の利用を懸念する」と声明を発表し、中国の新疆ウイグル自治区が関与する製品の輸入に規制をかける方針を明示した。2022年6月には、「ウイグル強制労働防止法」に基づく輸入禁止措置が施行され、輸入が原則禁止されることになった。

再生可能エネルギーにも米中リスク

こうした米国の官民の対応が太陽光発電市場に大きな影響を与えた。世界の大手シリコンメーカー5社のうち4社が新疆ウイグル自治区にあり、同地区で製造されたポリシリコンが世界の約50％のシェアを占めているからだ。また、「95％以上のシリコン製パネル部材が、同地区で作られている可能性がある」というブルームバーグ・ニューエナジーファイナンスの指摘もあり、部材への影響も大きい。4社のポリシリコンが、強制労働に関係していることが判明すれば、米国のみならず、多くの国の企業が4社の太陽光パネルを調達することができなくなる。

SPVマーケットリサーチの創立者であるポーラ・ミンツ氏は、「米国や他の国々は中国のウイグル人の扱いを非難したが、具体的にどのような処置・制裁を取るかは難しい問題である。太陽光発電業界は、気候変動と（産業の）成長戦略を『モラル・コンパス（倫理基準）』を使い、どのようにバランスをとっていくかが問われる。各国は、ポリシリコン、ウエハ、インゴット、または新疆ウイグル自治区で製造されたセルおよびそのセルを含む太陽光パネルの輸入を拒否できるが、そうすると、より高い価格で（同自治区以外からそれらを）調達することになる」と「利益と倫理」の選択に迫られるビジネス上のジレンマを指摘した。

このように太陽光発電パネルに代表されるサプライチェーンの硬直性は、政治リスクの影響度を高める。人権問題は、政治リスクとＥＳＧリスクの両方に密接に関わるため、リスクが顕在化する可能性は今後、高まっていく傾向にある。こうしたリスクが顕在化し、各国が厳格な対応を取れば、太陽光パネル関連の原料や部材、パネルの供給力は著しく低下する。かといって、政治リスクで市場が混乱している天然ガスに頼ることもできない。再生可能エネルギー事業を安定して普及するためには、サプライチェーンの再構築か政治リスク、ＥＳＧリスクの解消かという難しい選択を迫られている。

（2）気候変動リスク

再生可能エネルギーは、太陽光という外部エネルギーを直接取り込んだり、これを受けて地球上の大気や水、二酸化炭素などが循環することによって生成されるエネルギーである。このため、地球上の循環構造が変化するとエネルギーの生成も変化する。

再生可能エネルギーの導入は、気候変動を抑制するための取り組みであるが、気候変動による循環構造の変化が再生可能エネルギーの安定性に大きな影響を及ぼすというパラドクスがあるのだ。実際、近年、地球上のあらゆるところで、偏西風の蛇行、氷河の消失、海水温の上昇、台風の巨大化といった循環構造の顕著な変化が起きている。こうした変化により、今は再生可能エネルギーと定義されているものが、持続可能なエネルギーとならなくなる可能性もある。

本項では、こうした事象について確認する。

①風力発電

風況変化のリスク

２０２１年、欧州では、風力発電の発電量が想定より2、3割減ったことで、天然ガス火力による電力の代替に追われることになった。近年、北海を中心とする洋上風力発電が大幅に増加し、特に英国では、総発電量の24％にも達するようになっている。そのため、風況の変化による風力発電量の変動が電力需給に大きな影響を及ぼすようになっている。２０２１年8、9月には、この20年で最も風が弱くなったため、天然ガスの導入量が急増した。これが天然ガス高騰の一因ともなった。

このときの風力低下の要因は偏西風の蛇行にある。偏西風は、地球上の温度差と地球の自転により生じる安定した風だが、近年は蛇行することが多くなり、地域の風況が不安定となる傾向にあるといわれる。

偏西風には、もともと周期的な変化がある。日々の小さな変化が数週間の単位の周期で繰り返す短期変動と10年以上の単位の超長期の変動である。通常、短期の変化を平均化して風況を捉えているが、最近では、蛇行が大きくなって長期停滞する現象が発生している。場合によっては、それが1カ月以上に及び長期間の風況変化となることもある。

こうした偏西風の変化が風力発電に及ぼす影響は大きい。主に以下の3つの影響がある。

一つ目は、偏西風の蛇行による発電量の変化である。前述した蛇行の停滞により安定して短期変動している状態に比べて発電量が増減するというものである。

二つ目は、偏西風の長期的な経路変化による発電量の低下である。この場合の影響は大きい。図3-9のように、日本では、偏西風の通過位置が2100年に向けて、冬季は、北上して夏季は南下する大きな変化が生じると気象庁が予想している。偏西風の位置が動き、長期間固定してしまうのである。こうした変化が起こると現在、年間を通じて一定の場所で吹いている風が南北に分かれてしまうので、夏と冬で風力発電を設置すべき場所が変化してしまい、極端な場合、年間の発電量が半減することになる。

三つ目は、偏西風の風量低下による最大発電量の低下である。偏西風は、地球上の温度差が要因のひとつとなっているので、気候変動によって温度差が小さくなると風速が低下する。今

（図３－９）日本上空の偏西風の季節進行の将来変化

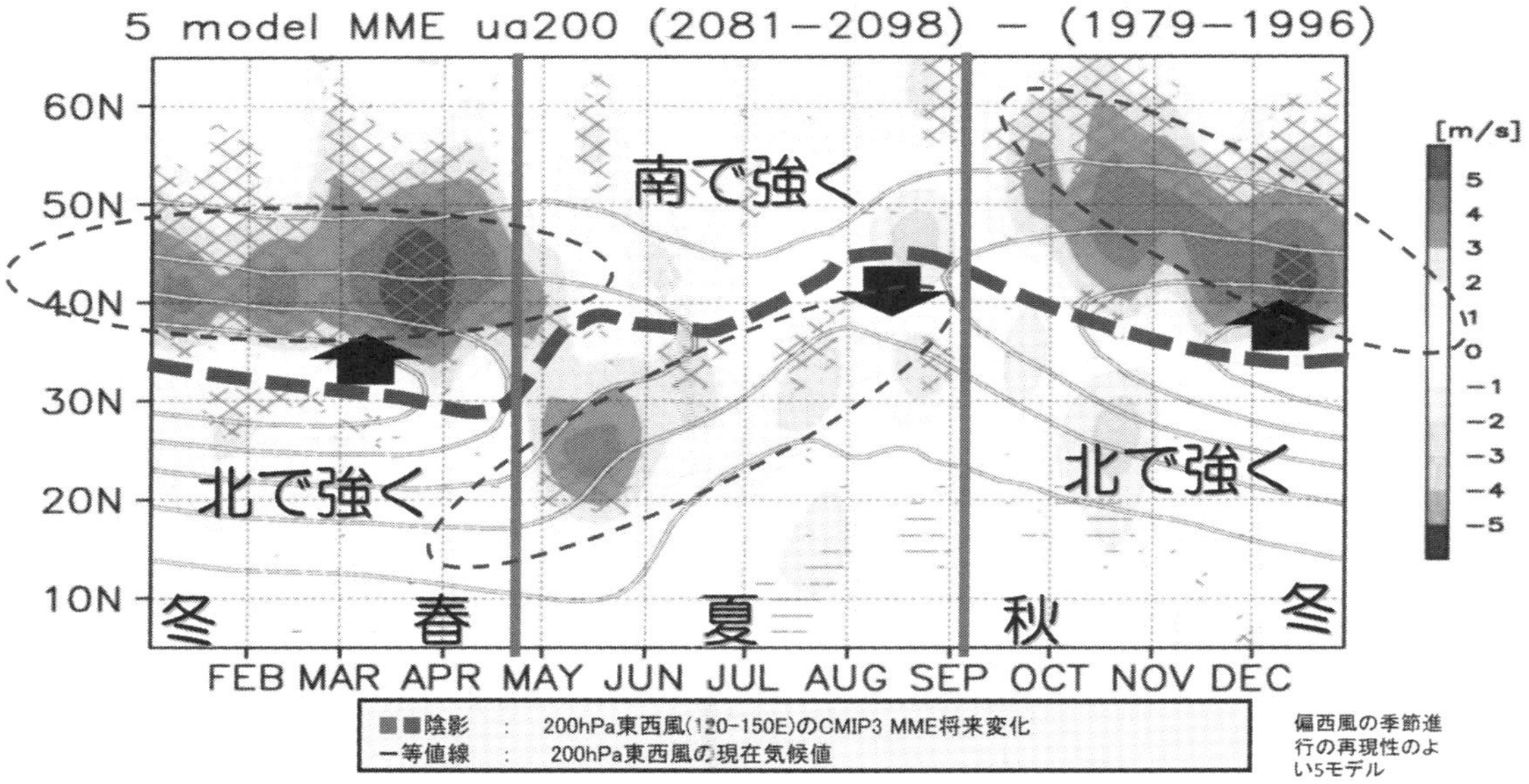

出所：気象庁地球環境・海洋部気候情報課資料

後、予想される北極の温度上昇に伴う赤道付近との温度差の縮小によって、風速が2050年には8〜10%、2100年には14〜18%低下すると予想されている。風力発電の発電量に換算すると30%もの低下に相当する。一方、南半球では、南方の陸地と海の温度差が拡大し、風は強くなると推定されている。ただし、南半球には、北半球ほど風力発電に適した平地がない。

こうした偏西風の蛇行や変化による風力発電への影響は、今後、地球温暖化が進むことによってさらに大きくなる可能性が高い。この50年の統計情報では、10日以上の長期のブロッキングが年々増加した。ブロッキングとは、偏西風が著しく蛇行して、暖気は北上して高緯度地方に高気圧を、寒気は南下して中緯度地方に低気圧を形成し、この状態が長期間持続する現象をいう。この30年で4割程度増加したという算定もある。風力発電で30年程度にわたる事業期間を想定するのであれば、事業期間中に十分起こり得るリスクとして事業採算への影響を評価しておかなくてはならない。

台風のリスク

洋上風力の場合、台風などの強風や高波に対する注意が必要になる。2050年に向けて、日本を襲う台風の数はあまり変わらないことが予想されているが、その威力は大幅に増大する可能性がある。

1975年中頃から2015年までの日本を襲った台風の風速は、気象庁のデータによれば、約50メートル／秒から約60メートル／秒まで上昇している。北太平洋西部の海面温度の上昇などによって増加し続けており、今後、2050年には70メートル／秒近くになることが予想される。これは、「スーパー台風（風速67メートル／秒以上）」と呼ばれるレベルである。スーパー台風とは、日本でのランク付けではなく、東南アジアの気象を観測する米軍合同台風警報センターの台風の最大級のランク付けである。日本で「猛烈な台風」といわれる最強レベルの台風の強風が54メートル／秒であることを考えると、これまでの常識を大きく上回ることになる。スーパー台風の到達北限は、北緯28度で奄美大島（鹿児島県）近辺と考えられていたが、将来は、本州を襲うところまで北上すると予想されている。日本では、これまで「非常に強い（44メートル／秒）」、「猛烈な台風（54メートル／秒）」といわれる台風により大きな被害を出してきたが、スーパー台風が出現するようになると2～5割増しの強風に晒されることになる。

「日本型風力発電ガイドライン」が2008年に定められ、台風などへの設備面での対応力は向上したが、結果として日本では、国際基準の設備に比べてコストが1.5～2倍に増加するといわれている。こうした傾向は、今後、台風の威力が増大することによって顕在化していく。その分、風力発電事業の経済性が低下することになり、風力発電の導入拡大にブレーキがかかる。

②バイオマス発電

バイオマス発電を脅かす森林火災

近年、欧米では、気候変動による気温の上昇により森林火災が増大している。２０２０年には、米国のカリフォルニア州で史上最大となる1万３４００平方キロに及ぶ森林火災が発生している。また、２０２１年にはロシアで、日本の国土面積の半分に相当する18万平方キロに及ぶ21世紀最大の森林火災が発生した。

英国のイーストアングリア大学のマシュー・ジョーンズ博士は、２０１３年以降の１００件以上の論文を分析した結果、気候の自然な変化に地球温暖化による高温・乾燥が重なると激しい山火事が起こることを示した。同博士は、「山火事の規模は過去40年間で8～10倍に拡大しており、拡大の傾向は気候変動で加速している」、「気候変動によって、どの州でも森林が頻繁に高温乾燥状態になっている。それが山火事の規模と被害につながっている」と語っている。

森林火災の増加は、バイオマス発電のためのバイオマスの安定調達にも影響を及ぼす。バイオマス発電の資源として利用されることが多いパーム椰子やユーカリなどは、大規模な森林火災の原因になるのだ。

実際、ユーカリは燃えやすく、森林火災の原因になっている。２０１９年に発生した豪州史上最悪の森林火災では、約10万平方キロに及ぶ森林が焼失した。

その要因の一つ目は、気候変動による少雨と乾燥とされている。例年に比べて降水量が約半分となり、ここ19年間で最も少なかった。シドニーでは、２０１８年末から２０１９年5月にかけて、ほとんど雨が降らない状態が続き、平年の10分の1程度となった。

二つ目の要因は、ユーカリに含まれる油分であるとされる。ユーカリは、油を多く含むため燃えやすい。

三つ目の要因は、気温の上昇だ。２０１９年、平均気温も最高気温も過去最高を記録し、シドニーでは48・９℃を記録した。気温が上昇するとユーカリの葉は、テルペンという引火性物質を放出する。テルペンは、気温が高いほど放出量を増す性質を持つため、気温が上昇すると自然発火する危険性が高まり、いったん燃え始めると、なかなか鎮火できない状態となる。

成長速度が速く、油分が多く燃料として利用しやすいという特性が、森林火災の要因になっている。気候変動による長期にわたる気候の変化は、脱炭素政策により拡大するバイオマスの群生によってさらに被害を広げる可能性がある。

持続不可能なプランテーション開発

２０１９年には、インドネシアでも大規模な森林火災が生じ、８５００平方キロの森林を消失した。背景には、熱帯林と泥炭地での持続不可能なプランテーション開発があった。この地域は「水の森」と呼ばれ、水分が多くパーム椰子の栽培には不向きな熱帯泥炭湿地林であったが、排水溝を引いて土地を乾燥させ、バイオマスプランテーションが開発された。土地の乾燥が進んだことで、パーム椰子が燃えやすくなると同時に、泥炭地の地中に蓄積されていた炭素の分解が進んで鎮火できず、火災を大規模化した。こうした泥炭地での火災は、森林が減少する場合に比べて25倍以上、温室効果ガスを増加させるとされる。

このようにバイオマスプランテーションの火災は、バイオマス燃料取得のリスクとなるだけでなく、森林火災を拡大する要因ともなる。そうして森林が焼失されれば、二酸化炭素の吸収源としての森林が減り、気候変動を加速し、それがまたバイオマスプランテーションの火災リスクを高めるという負のスパイラルが生まれる。強引なバイオマスプランテーションの開発、あるいはバイオマスプランテーションを前提とした発電事業の拡大は、バイオマスの安定供給を脅かすだけでなく、負のスパイラルを導くリスクがあるとして脱炭素に向けた大きな課題と指摘されている。

③太陽光発電

災害対策が課される太陽光発電

太陽光発電は、太陽光による外部エネルギーを直接利用しているという点で、風力やバイオマスなどのように地球システムの間接的な影響を受けにくい。その分、気候変動の影響は少ないといえるが、気候変動により増大する豪雨による地滑りや台風などにより、設備の損壊や周辺地域の被害拡大なども起こっている。

２０１８年7月の西日本豪雨では、19カ所の太陽光発電施設でパネルなどが損傷し、そのうち11カ所は土砂崩れが原因だった。太陽光パネルが飛散、落下するなどした事故は、２０１９年度に１３５件あったことが経済産業省から公表されている。こうなると、太陽光発電の設備の損壊という問題にとどまらず、周辺地域の被害が懸念される。

兵庫県神戸市須磨区では、西日本豪雨による土砂崩れで、斜面に設置された太陽光発電のパネルが山陽新幹線の線路近くまで落下した。人的被害はなかったが、新幹線が一時運休するなどの影響が出た。これに対して神戸市では、土砂災害警戒区域での出力10キロワット以上の太陽光発電施設の設置を禁止し、勾配が30度以上の急傾斜地や住宅地、鉄道用地から50メートル以内などでの設置は許可制とする条例を施行した。神戸市の担当者は、「全国的にも厳しい規制で、新設を断念する事業者もいるが、事故を繰り返さないためにはやむを得ない内容だ」と話す。

国も事態を重く受け止め、2019年12月には、林野庁が「太陽光発電施設の設置を目的とした開発行為の許可基準の運用細則」を定めた。雨水が地中に浸透しやすくするための、排水施設の設置や水の流れを分散させる植生の措置などを求める内容だ。経済産業省も2021年4月に電気事業法の枠内で「発電用太陽電池設備に関する技術基準を定める省令」として地盤の災害防止策を定めることになった。

こうしたなか、2021年8月の大雨で、熊本県南関町に建設中の40メガワット級メガソーラーの現場から大量の土砂が農地に流出するという事故が起きた。急速に拡大するメガソーラー事業に対して指導はできても、工事費の増加は事業採算に影響するため、事業の現場での対応は先送りになりがちで、こうした事故は後を絶たない。

増加する台風被害

太陽光発電のもうひとつの課題は、台風による被害である。2020年に公表された経済産業省の「新エネルギー発電設備事故対応・構造強度WG」の資料によると、表3-1のように台風の影響による太陽光発電設備の事故・被害は、豪雨と同様に大きいことが報告されている。

（表３－１）太陽光パネルの災害による被害状況

被害状況

		平成３０年7月豪雨	台風21号	北海道地震	台風24号
	合計（発電所数）	19（※1）	23	3（※2）	3
原因（※3）	水没	8	-	-	-
	土砂崩れ	11	-	-	-
	強風	-	20	-	3
	高潮	-	3	-	-
損傷部位（※3）	パネル	10	21	2	3
	パワコン	9	5	1	1
	キュービクル	4	1	-	-
	その他	9	7	2	2

※1　8/28新エネWG以降に４件の追加報告あり
※2　10/15電安小委以降に２件の追加報告あり
※3　原因と損傷部位については重複あり

出所：経済産業省資料

これによると、豪雨では水没や土砂崩れの事故が多いのに対して、台風は強風などによるパネルの破損が大きいことがわかる。２０１８年には、パネルの被害が大きくなっている。

パネルの典型的な被害としては、①強風により太陽光パネルが飛散、②風圧・飛来物の衝突による破損、③接続部の強度不足により設備が変形といったケースがある。

「①強風により太陽光パネルが飛散」では、大阪府大阪市住之江区の６・５メガワットのパネルが強風によりパネルが架台から引きはがされて飛散した例がある。このケースでは、２万４０００枚のパネルの半分がはがされ、周辺に飛散して被害を出しただけではなく、破損部が発火するなどの事態も発生した。

強風が設計上の最大風速34メートル／秒を超えたことが損壊の原因と考えられている。こうした事故を防ぐためには、設計風速の上限を上げればよいが、その分コストが増加する。

「②風圧・飛来物の衝突による破損」では、大阪府大阪市此花区の10メガワットのパネルに周辺の通路に敷いた砂利が飛散・衝突したことで、3万6000枚のパネルの3分の1のガラスが割れた例がある。

「③接続部の強度不足により設備が変形」の例としては、大阪府大阪狭山市の2メガワットの水上設置のパネルが、係留するアンカーとパネルを接続するボルトが折れ、流されて破損し、風にあおられてパネルが反りかえる被害があった。発電設備そのものは風速約60メートル／秒に対応できる設計であったものの、接続部のボルトの強度が足りなかったことが原因だ。

こうした事故は対策が取られることによって、ある程度減少することは期待できるが、コストは確実に嵩む。気候変動の影響が今後拡大することは間違いない。さらなる対策で導入コストが増加し、メガソーラー導入のハードルは高まりつつある。

（3）ESGリスク

①再生可能エネルギーからのダイベストメント

始まったダイベストメントの波

ダイベストメントは、ESG投資における戦略のひとつである。ESGの視点で不適切と評価される企業から投資資金を引き揚げることで、企業活動を変革する狙いがある。2000年代は、化石燃料関連の事業に向けた環境運動が多く展開されたが、2010年代になると、気候変動の影響と再生可能エネルギーの普及で化石燃料事業にこれまでとはまったく違った変化が生まれた。

IRENAの「A New World: The Geopolitics of the Energy Transformation」によれば、世界の油田、炭田、発電所、パイプライン、石油タンカー、製油所などの化石燃料のシステムは、今でも推計25兆米ドルの資産を保有しており、毎年1兆米ドルずつ増え続けている。しかし、世界的に気候変動対策が進み、太陽光や風力などのコストが低下することで、化石燃料用の資産が使えなくなり負債化する「座礁資産」となる可能性があると指摘された。

その流れは2010年代初頭から始まっている。IEAが2017年に発表した「World Energy Investment Report」によれば、欧州の電力部門は2010年以降、火力発電設備の償却に伴い1500億米ドル以上の損金を計上することになった。

ESG投資の本格化や金融機関が気候変動リスクを重視し始めたことで、2010年代中盤には、金融機関の投資方針が大きく変化した。2014年9月には、ロックフェラー・ブラザーズ・ファンドが化石燃料関連事業からの撤退を発表し、2015年5月には、ノルウェー政府系ファンドが石炭に依存する発電などの企業への投資の中止を決定した。

イングランド銀行総裁であり、金融安定理事会（FSB）の議長であるマーク・カーニー氏は、2015年の年初に「投資家が自分の保有する債権を一斉に売却した場合、市場では急激かつ無秩序な相場下落のリスクがある」と警告した。同年9月には、「地球温暖化が世界経済と世界金融の安定に対して大きな脅威になるとし、企業と規制機関は、予想される経済的損害を抑制するため、早急に対策に乗り出す必要がある」と主張し、「気候変動による壊滅的な影響が従来考えられていた領域にとどまらないであろうことは、アクチュアリー（保険数理士）たちに言われるまでもない。現世代が備えようとしないコストを次世代に負わせている」、「気候変動がいったん金融の安定に対する明らかな問題になれば、もう手遅れだろう」と述べた。

2015年9月には、イングランド銀行健全性監督機構（PRA）が「英国保険セクターへの気候変動の影響」と題したレポートを出し、気候変動が金融システムの安定を脅かす可能性があると警告した。同月、ＦＳＢがＧ20サミットで投資家が気候変動によるコスト、機会、リスクを判断できるように各種の資産の炭素集約性に関する国際的な新たな開示基準を策定すべきと提案し、同年12月にＦＳＢ－ＴＣＦＤ（気候関連財務情報開示タスクフォース）を設置した。こうした流れを受けて同月にパリ協定が採択されたのである。

再生可能エネルギーに波及するダイベストメント

世界持続可能投資連合（ＧＳＩＡ）によると、サステナブル投資の残高は、２０１０年代中盤から２０２０年までの数年で約35兆米ドルに急成長した。投資残高全体98兆ドルの３分の１を超える規模だ。これは、気候変動が科学的に正しいかどうか論じている段階を過ぎ、経済を保護するために金融機関が自ら行動する段階に達したことを意味している。サステナブル投資市場は、座礁資産化を恐れる金融機関だけでなく、その成長性を期待する一般投資家も巻き込んで拡大した。

以上は、主として化石燃料をターゲットとしたダイベストメントの経緯だが、その波は、再生可能エネルギーの分野にも押し寄せている。

インドネシアでは、１９９０年代に急拡大するパーム椰子のプランテーションの影響で大規模な熱帯雨林が消失した。2010年代までの20年程度で、日本の国土の2倍の面積があるボルネオ島の熱帯雨林の3割程度が消失、つまり、日本の約6割の面積に相当する熱帯雨林が大規模なパームプランテーションに置き換わってしまった。こうした事態に国際的なNGOが積極的に改善を働きかけた。消費者に対して、環境破壊に結び付くパーム油を利用する企業の情報を公開したり、ネガティブキャンペーンを行うなどして、企業による過度なプランテーション開発を抑制する運動を展開した。

パーム油などのプランテーションを用いたバイオマス発電は、図3-10に示すように、再生可能エネルギーでありながら、温室効果ガス排出の面でも持続可能でないとされ、座礁資産化する可能性が出ている（同図右端）。

ダイベストメントの範囲はE（Environment）からS（Social）に拡大

環境省の「地球温暖化対策の推進に関する制度検討会（2020年）」資料によれば、近年、再生可能エネルギーの導入に対する反対運動が増えている（図3-11）。特に風力に対する運動は、2000年頃から顕在化し、近年は太陽光に対しても増加している。

2012年と2017年の調査では、7・5メガワット以上のウィンドファームでは4割で紛争が発生し、そのうち半分、具体的には2012年に30件、2017年に36件の事業が中止

（図3－10）バイオマス発電の温室効果ガス（GHG）比較

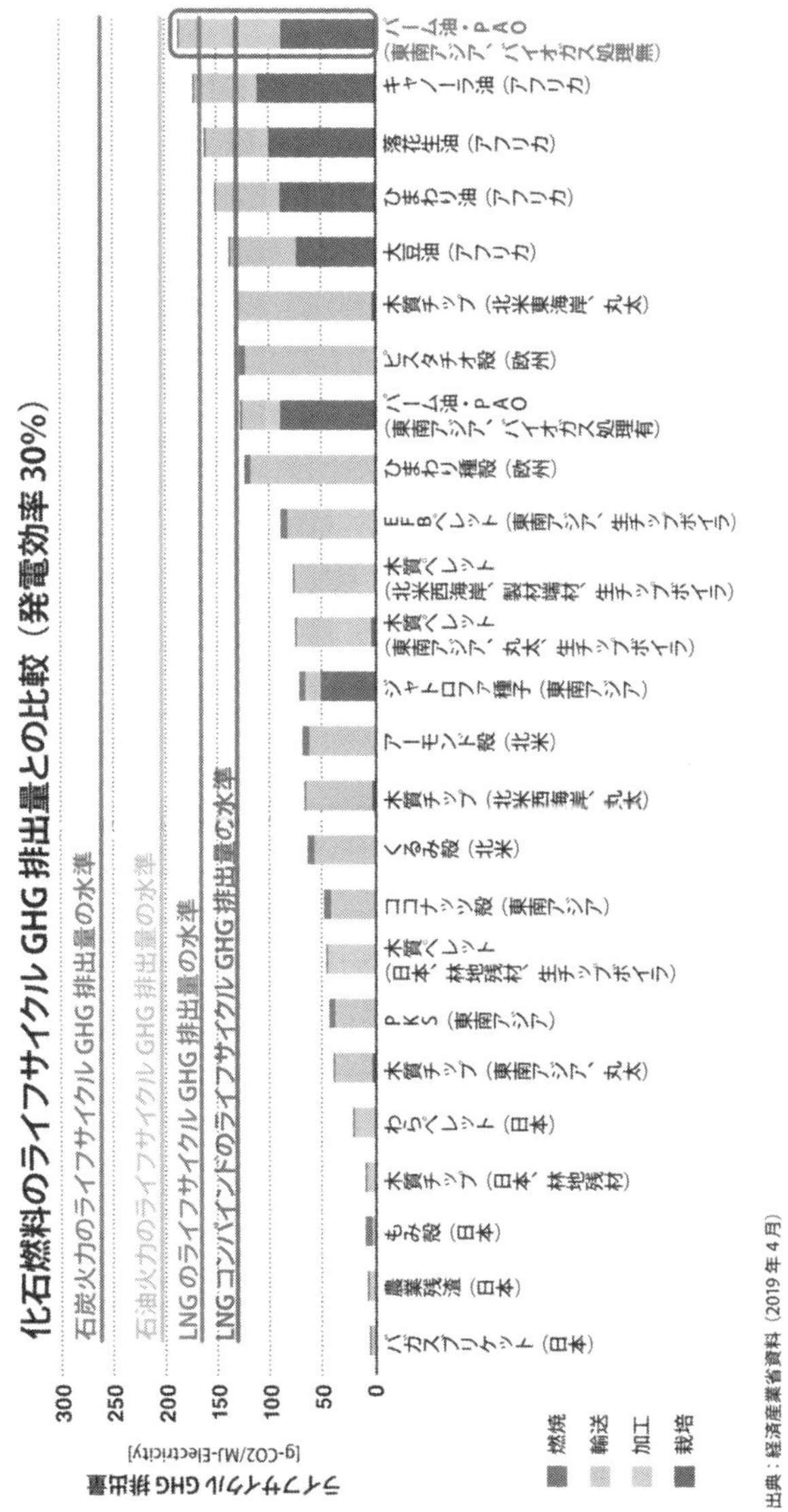

出所：バイオマス産業社会ネットワーク資料

(図３－11)計画段階での計画段階での紛争の発生状況

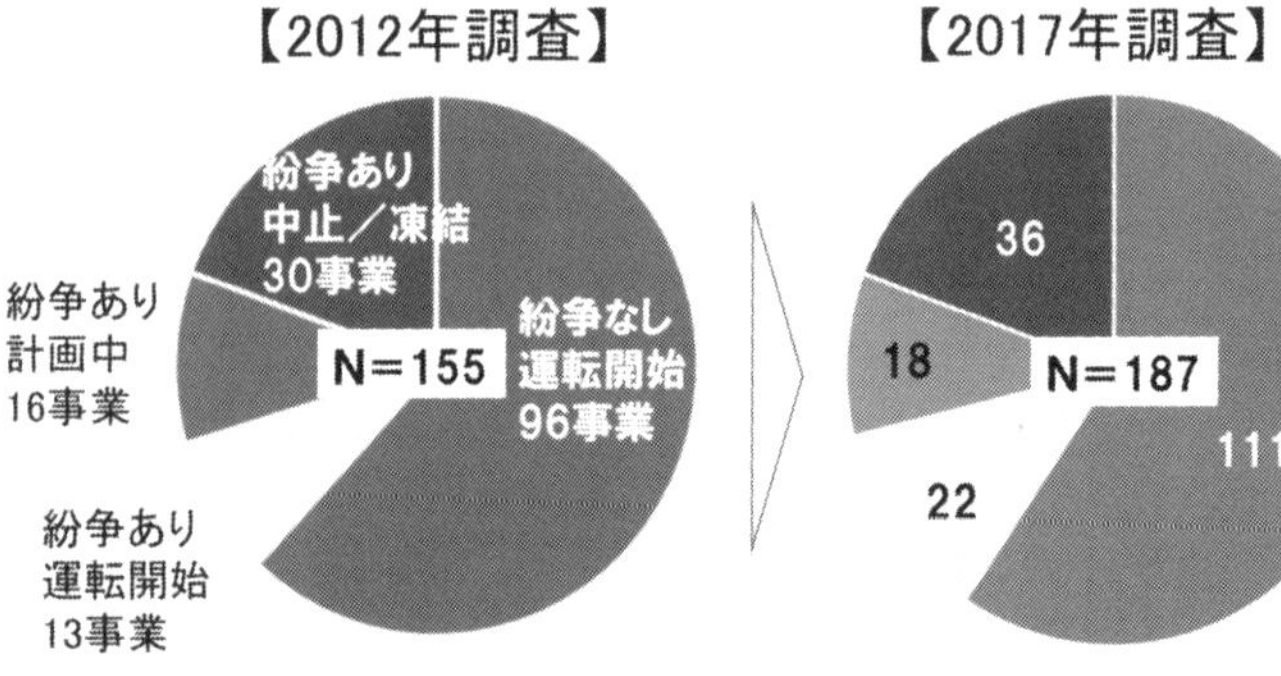

出所：環境省資料

や凍結となっている。風力事業のデータを見ると、風車の設置基数が増加するのに伴って反対運動が拡大し、再生可能エネルギー事業からの広い意味でのダイベストメントが生まれている。

こうした傾向は、日本に限ったものではない。欧米諸国では、１９８０年代から地域との合意形成は再生可能エネルギーの導入の主要な障害のひとつとなっており、２０００年頃には大きな問題となっていた。

例えば、英国では、市民の８割が総論として風力発電を支持しているにもかかわらず、事業の計画の実に７割以上が中止に追い込まれているという。欧州全体でも、再生可能エネルギー事業者へのアンケート調査の結果では、地域との合意形成は電力系統への接続問題と並ぶ事業中止や遅延の原因であると報告されている。

こうした市民の行動は世界共通で、野鳥の保護、森林や海洋の自然保護、産業保護などの環境面の課題だけではなく、土砂崩れなどの危険性、騒音による健康被害、景観の悪化による地域資源の損失など、地域の人々の権利の侵害への懸念によって、今後も拡大が予想される。

再生可能エネルギーへの期待が高まる一方で、立地地域における合意形成が導入の障害となる構図は、化石燃料や原子力が中心の時代のＮＩＭＢＹ（Not in my Backyard：ニンビー）と同様だ。社会全体としての再生可能エネルギーへの理解が立地地域での受容性に結び付くわけではないのだ。このような総論的な期待と受容性の分離という課題に対しては、ＩＥＡが２０１１年の報告で発電事業の利益の一部を地域に配分する解決策を指摘しているように、検討が始まっている。

一方、バイオマスで発生している人権侵害の問題は深刻だ。パームプランテーションなどでは、前節で示した森林破壊と生物多様性などの環境面の課題だけでなく、人権問題に対する懸念が広がっている。労働者や地域住民の権利侵害は、プランテーション近くの農家の立ち退き、長時間労働、パスポートの没収、債務の誘発、契約の一方的な代理、賃金の不払いと過小払いなど多様な分野に及んでおり、抜本的な対応が必要となっている。

以下に、ＥＳＧのＳ（Social）に関わる問題を地域住民の権利侵害を中心に紐解く。

②再生可能エネルギー全体に拡大

風力発電

風力発電は、世界中で多くの事業が紛争の対象となってきた。国内でも多数の例がある。福島県福島市の「阿武隈北部風力発電事業（旧称）」では、山間部の約1万4500ヘクタールの広さの土地に、高さ150メートルの大型風車を約100基建設し、約400メガワットの発電を行う大型ウィンドファームが計画されていた。これに対し、騒音などの健康被害などを懸念した地元の反対が起こり、事業規模は約20メガワット、20分の1に大幅縮小することになった。しかし、反対は、これで終わらず、建設対象地域外の同県川俣町から風車による景観悪化を懸念する反対運動などが続いた。景観などの地域の権利の侵害は、法的に定められた合意形成の範囲を超えて問題になることもある。

世界に目を向けると、風力発電先進国のドイツやデンマークなどでも、低周波による健康被害や景観の破壊などから事業に反対する住民運動が広がっており、政府による規制も強まっている。

ドイツでは、北部を中心に風力発電への反対運動が多い。北海とバルト海に挟まれたシュレースヴィヒ＝ホルシュタイン州のノイエンドルフザクセンバンデという町では、自宅から数百メートルのところで3基の風車が稼働し始めた地域住民が低周波による健康被害を訴えて、5年がかりの裁判を経て3基の風車を撤去させた。このような住民訴訟が2019年にドイツ全体で325基の風車を対象に起こっており、住民同士の連携も強まっているという。

住民側の動きを受けて環境規制を強化する自治体が増えている。バイエルン州は2014年、新しく陸上風車を建てる場合、風車から最寄りの住宅地までの距離を風車の高さの10倍にしなければならない、「10Hルール」と呼ばれる規制を定めた。高さ200メートルの風車なら、2キロ以内に民家がある場所には建てられないことになる。同様の規制が他の州にも広がっている。

デンマークでは、2009年に設立された「巨大風車の隣人たち」という全国組織が各地の風力発電の計画を評価している。同組織は、騒音に関する客観データを計測収集して、許容される騒音レベルや風車から一番近い住居までの距離を独自に提唱し、事業への影響力を持っている。2013年には、ヴィルトビエルク町のミンク飼育場で、風力発電の影響と思われるミンクの健康被害があり、100頭以上を殺処分するという事件があった。この事件をきっかけに、2014年には新規の風車建設が減少し、2017年にエスビャウ市の環境計画委員会が市内での陸上風力発電の建設を禁止する方針を出すなど、健康被害対策が強化されている。エスビャウ市環境計画委員会のジョン・スネッカー会長は、「風力発電に対する抵抗が爆発的に増えた。反対派は何よりも低周波音の健康影響を不安視している」と述べている。

反対は陸上風力にとどまらない。オランダでは、2020年、洋上風力発電が林立する北海の漁業者が、洋上風力が建設されて漁場が大きく変化したと訴えた。海底に建設された風車の台座が潮の流れを変えたことで、ヒラメ類のような海底に棲む魚が消えたという。ホタテ漁への影響も大きいという。風車建設によって良好な漁場が損なわれてしまったということだ。

このように、風力発電の先進国であるドイツ、デンマーク、オランダなどでは、住民による反対運動が活発に行われており、全国組織などによる後押しもあって、自治体を巻き込んだ投資抑制へと発展している。日本国内では、まだ一部の自治体が規制を厳格化している段階だが、再生可能エネルギーの投資拡大に伴って、海外の動きと連動した厳しい住民運動が活発化することが予想される。

大規模太陽光発電

メガソーラーが引き起こす景観や自然破壊などに関するトラブルが深刻化している。毎日新聞が47都道府県を調査したところ、8割がトラブルを抱えているという。メガソーラーのような大規模な設備を建設すると、少なからず当該地域の景観や土地に影響を与える。

2020年2月、栃木県の鹿沼市と日光市に跨る前日光県立自然公園内の横根高原に計画されている大規模太陽光発電施設の建設中止を求める鹿沼市と日光市の市民団体「横根高原の自然を守る会」と「同日光市民の会」が、新たに「横根高原メガソーラー建設計画に反対する市民連絡会」を結成し、建設計画に反対する決議を採択した。同建設計画を巡っては、２０１７年２月に「横根高原の自然を守る会」が市役所を訪れ、建設に反対する市民らの署名を添えて建設差し止めを求める要望書を提出した。すでに佐藤信鹿沼市長は、「県立自然公園内、手付かずの自然に恵まれ貴重な地域で引き続き保全が必要。大規模な開発は適さない」として反対を表明しており、反対運動は３年以上に及んでいる。

埼玉県では、小川町や嵐山町など比企郡内でもメガソーラーの建設反対が起こっている。この事業は、ゴルフ場開発跡地の丘陵地約86アールに出力約40メガワットのメガソーラーを建設するというものだ。嵐山町に２０２０年９月に建設した施設では、山林を伐採した斜面が同年10月の雨で崩落した。下に鉄道が走っているため、適切な対応が必要となる。別の施設では、斜面の土壌浸食を防ぐための調整池で大雨が続くと溢れる寸前になる状況の改善を求めた。

予定地の造成では、静岡県熱海市で起きた土石流発生場所の約10倍に相当72万立方メートルの盛り土を行う計画で、このうち半分は建設残土を外部から持ち込むということだった。これに対し、萩生田光一経済産業大臣（当時）は、「発電事業として必然性がなく、環境への負荷が生じる」として、土砂搬入と工事計画の抜本的な見直しを求めるという異例の勧告を行った。

防災意識の高まりで、傾斜地などのメガソーラー建設はより厳しいものになっていくと予想される。

ドイツのラインランド＝プファルツ州のトリア市は、ルクセンブルクから車で30分ほどの場所に位置し、新たな住宅開発が進む地域である。２０１０年、ここに広さ3・6アール、出力３メガワットのメガソーラーの建設計画が決定された。周辺住民は、景観の侵害、太陽光の反射による生活への影響、通気の悪化、地下水の汚染、周辺の地価の低下などを根拠に反対運動を起こし、計画は変更されることになった。判例上、「景観利益」は法的保護に値するものと認められているが、景観利益の違法な侵害に当たるといえるためには、刑罰法規・行政法規違反、公序良俗違反や権利濫用に該当するなど、侵害行為の態様、程度において、社会的に容認された行為としての相当性を欠くことが求められるとされている。要件が厳格なため、景観利益の侵害と認定される例は限定的だが、景観保護の目的で事業者に届出義務、協議義務などを課す条例を制定する自治体が増えている。

バイオマス発電

パームプランテーション由来のバイオマスからのダイベストメントは拡大する一方だ。そもそも、再生可能エネルギーとしてバイオマスが適切かという点にも課題が突きつけられている。

ＥＵは、２０２１年１月に発表した報告書「The use of woody biomass for energy production in the EU」の中で、主に木質ペレットなどの木質バイオマス燃料を活用するほとんどの森林バイオマスは、温室効果ガスと生物多様性の観点でリスクがあると結論付けた。ＷＷＦ（世界自然保護基金）欧州政策事務所のシニア・ポリシー・オフィサーであるアレックス・メイソン氏は、「ＥＵは責任を回避している。ＥＵはこの報告書で、ＥＵのバイオエネルギー政策が気候変動を加速させていることを基本的に認めているにもかかわらず、問題を解決するためのボールを加盟国の裁判所に投げている。これ以上の被害が出る前に、ＥＵ再生可能エネルギー指令（ＥＵ-ＲＥＤ）によって、バイオマスの規制を強化することが急務だ」と述べている。

国際ＮＧＯであるFair Labor Associationの２０１８年の報告「インドネシアとマレーシアのパーム油セクターにおける強制労働リスク調査」によれば、パームプランテーションの環境問題への懸念は、２０００年代初頭から明らかになってきたが、労働、人権面の課題が明らかになってきたのは、この数年であるという。劣悪な労働条件と強制労働などへの関心が高まるにつれ、ＥＵを中心に世界中の政府機関が関心を寄せ始め、パーム油の使用禁止を模索し始めた。透明性を高めるための情報開示への機運も高まっている。同報告書では、マレーシアでの強制労働リスクを以下のようにまとめている。

- 最も脆弱な状況にある外国人移住労働者の使用
- 特にパスポートと身分証明書の保管
- 雇用機関により、雇用条件や賃金の間違った情報や虚偽の約束が労働者に伝えられる詐欺行為
- 最低賃金を満たすために必要な非現実的な生産目標
- 賃金の控除や契約の解約につながる脅威や暴力などの強制的な慣行

Fair Labor Association、同じく国際NGOのVeritéなどの調査によれば、パーム油農園の労働者は、募集、移住、雇用プロセスのさまざまな段階で、重大な脆弱性、虐待や不正行為のパターン、強制に直面しているという。

Veritéのレポート「Labor and Human Rights Risk Analysis of Ecuador's Palm Oil Sector May 2016」に、エクアドルのパームプランテーションでは、労働条件と生活条件を偽って人を集め、約束された賃金の6分の1しか支払われず、外出禁止令、絶え間ない監視、武装警備員による監督など、移動とコミュニケーションを制限されたことが報告されている。一部の雇用主は「身体的暴力や不法就労者を当局に報告する」などと言って労働者を脅し、不当な扱いに抗議するのを防ごうとしたという。

米国の労働省は、2020年に発表した「Findings on the Worst Forms of Child Labor」で、

児童労働によって生産された77カ国の155品目の商品をリスト化した。その中には、マレーシア、インドネシア、エクアドル、シエラレオネ、ガーナなど14カ国のパーム油が含まれている。

活発化するESG監視

風力、太陽光、バイオマスの例からわかるように、再生可能エネルギーの導入が拡大するにつれて、世界的中で国際的なNGO組織や地域住民の組織が組成されるなどして、組織的な監視、反対運動が拡大している。

こうした活動が環境破壊だけでなく、景観や騒音などの社会受容性の課題から強制労働や違法な児童労働などの人権侵害を明らかにし、再生可能エネルギー事業を中止に追い込んでいる。再生可能エネルギー事業に対する組織的な監視は、今後も活発化すると予想される。

再生可能エネルギー事業を監視する代表的な組織のひとつが「持続可能なパーム油のための円卓会議（Roundtable on Sustainable Palm Oil：RSPO）」である。2002年にWWFがパームプランテーションでの問題解決を呼びかけたのに応じて、英国のパーム油企業であるAarhus、スイスのMigros、マレーシアパーム油協会、ユニリーバが集まり、2004年に設立された非営利組織である。

ＲＳＰＯは、パーム油のサプライチェーン全体にわたり国際的標準の策定、実施、検証、保証および定期的見直しを行い、市場での持続可能なパーム油の適切な取引と経済・環境・社会への影響を監視・評価することをミッションとしている。

パーム油をバイオマス発電に利用する場合、持続可能性を担保するために、ＲＳＰＯが原料のトレーサビリティーの認証を行うようになった。

ＲＳＰＯは、パーム油の生産と流通に関わる認証手段を設定し、パーム油農園での生産から最終製品ができるまでのサプライチェーンをトレースする認証を行っている。

生産段階では、「原則と基準（Ｐ＆Ｃ）」に沿って持続可能な生産が行われていることを認証する。生産現場での基本的認証の範囲は、搾油工場と果房を供給するすべての直営農園、契約農園を含んでいる。ここでは、「7つの原則と40の基準」に基づき2回の審査を行う。最初の審査では、基準とのギャップが特定され、2回目では、特定されたギャップの改善状況が審査される。

サプライチェーンの認証（Supply Chain Certification System：ＳＣ認証）では、Ｐ＆Ｃで認証されたパーム油を使用して、最終製品が出来上がるまでの各工程で製品の所有権を持つすべての組織がＳＣ認証の要求事項を満たしていることを認証する。

いずれもＲＳＰＯは、直接、審査・認証業務は行わず、認証機関を認定する第三者組織である国際認定サービス（ASI）に認定された認証機関が実施している。

審査結果は、RSPO事務局に送られてホームページ上に要約が公開され、30日のパブリックコメントにかけられる。認証の有効期間は5年だが、遵守状況が毎年モニタリングされ、有効期間内に認証が取り消されることもある。

2018年には、RSPOは小規模農家向けの基準を設け認証の範囲を広げた。それでも、RSPOの認証を受けているのは世界のパーム油の約19％に過ぎない。RSPO関係者の中には、森林伐採と地域社会の土地の権利に関して、より強力な基準を求める声もあり、RSPOは、2018年の見直しのあとも、泥炭地での植栽、森林伐採、小規模農家の参加などの問題に関する基準を強化すると発表している。

RSPOの審査が及ばない範囲では独自の動きも生まれている。Palm Oil Innovation Group（POIG）は、RSPOで定められた方法に従って、関係者が「信頼でき、検証可能なベンチマークの開発と共有を行うことで、サプライチェーン関係者が責任あるパーム油生産プロセスを採用」できるようにすることを目指している。2017年には独自の憲章を設置し、POIG基準の遵守を保証するサプライチェーン内のプランテーション、工場、精製所のリストを公開するとしている。また、Hamana Child Aid Society Sabahは、マレーシアのボルネオ島サバ州にある団体で、パーム油産業で働く出稼ぎ労働者の子供の教育に注力する。パーム油生産国の政府もMSPO（マレーシアの持続可能なパーム油）やISPO（持続可能なパーム油のインドネシア国内規定）など認証制度をつくっている。しかし、RSPOが自らの認証と同等のパフォーマンスを求めているにも関わらず、多くの課題を抱えているのが現状だ。

RSPOが目指す持続可能性が実現されていないのは、前述したように、いまだに各国がパーム油の労働環境の問題を指摘していることで明らかだ。それだけ、新興国、途上国でのバイオマス生産の課題の根は深いということである。

日本でも増える規制条例

日本国内でも、再生可能エネルギーの発電所を整備するに際して、開発予定地周辺の住民らが景観、生態系などの環境配慮、災害対策などの面から計画に反対するケースが相次いでいることを受け、自治体が開発を規制する条例を制定する例が増えている。

地方自治研究機構によると、メガソーラーが急激に増えた2014年から条例の制定が増え始め、その数は、2021年度末で184の都道府県や市町村などに上っている。6年で約7倍に増加し、全国の自治体の約1割が再生可能エネルギー条例を制定している。このうち130件は、再生可能エネルギー発電設備の設置に関して抑制区域や禁止区域を規定しており、なかには、埼玉県川島町のように域内全域を抑制区域とする例もある。こうした規制は、設備

（図３－12）再生可能エネルギー発電設備の設置に抑制的な条例を制定した自治体数の推移

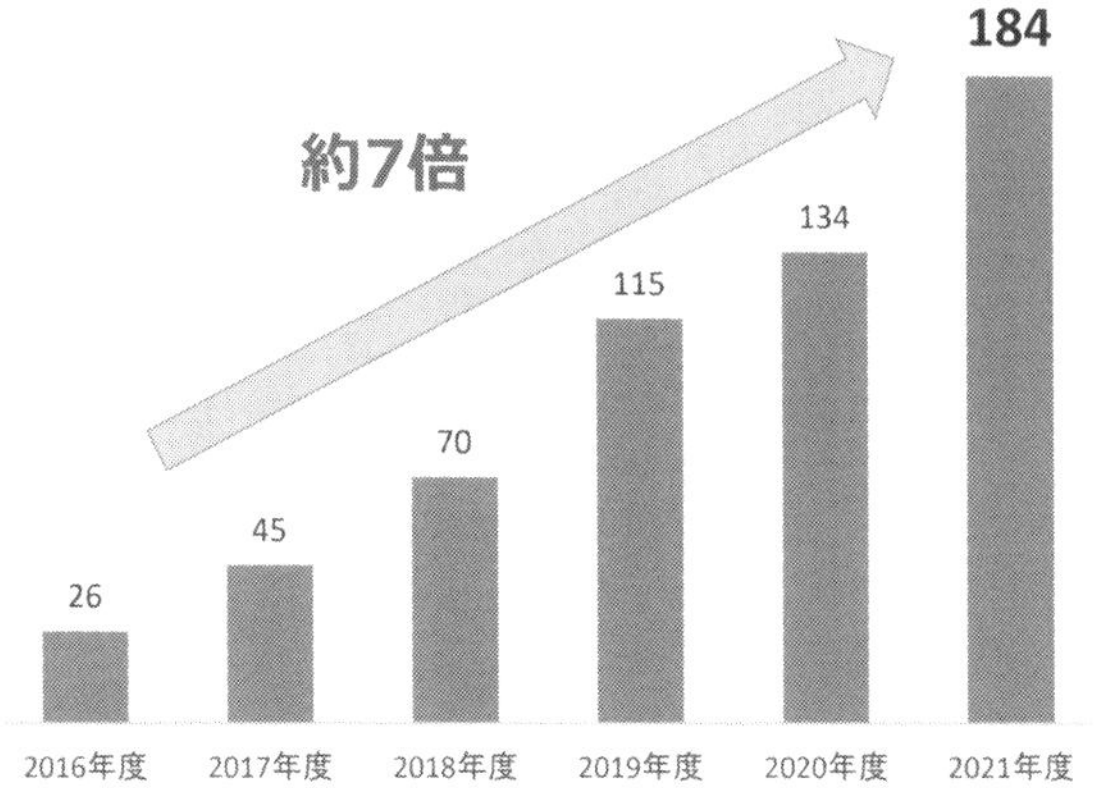

出所：経済産業省資源エネルギー庁資料

と居住地の距離など計画上の条件に加え、騒音の実測や市民への情報提供、市町村による実態調査が求められるなど、運用段階での対応が強化される傾向にある。

二酸化炭素を出さない再生可能エネルギーだからという理由で、地域が発電所を一元的に受け入れる時代は完全に終わったと考えるべきだ。再生可能エネルギーが過半を占めるようになれば、再生可能エネルギーの発電所も火力発電や原子力発電と同じように地域との協議や合意形成が必要になるのは、当然の成り行きだ。振り返ってみると、電力会社は、地域との合意形成や地域活性化のために一定の努力はしてきた。持続可能性を標榜するのであれば、再生可能エネルギー事業者にはそれ以上の努力を求めたい。

日本は、地域の反対運動や監視体制の面で欧米に遅れてきたことは否めない。しかし、再生可能エネルギー事業者と地域が地域本位で協議する流れをつくれれば、日本独自の再生可能エネルギー開発が進んでいくかもしれない。

第4章

座礁する再生可能エネルギーと発展する再生可能エネルギー

（1）座礁する大陸生まれの再生可能エネルギー

割高な水素発電

第2章で示したように、現在、日本が考えている2050年の電源構成における再生可能エネルギーの比率は、IEAや主要国の目標に比べて20%程度低い。それを水素発電と二酸化炭素回収・有効利用・貯留（CCUS）付きの火力発電で補おうというのが日本の戦略といえる。

次世代燃料の水素を積極的に取り込もうという政策姿勢と捉えれば評価すべきなのかもしれない。問題は水素のコストだ。ロシアのウクライナ侵攻によりEUは、水素を本気になって導入しようとしている。中国も電源構成の中での水素の位置付けは低いが、水素自動車の開発と普及に本気で力を入れている。これらを踏まえると、2050年までに水素はある程度普及し、コストも下がるだろう。気体燃料を液化して海上輸送し、超低温の貯蔵施設で保管してパイプラインで供給するという水素の利用スキームは天然ガスと同じだ。したがって、ある程度普及した場合の水素のコストは、現状の天然ガスのコストから類推することはできる。水素の液化温度は、マイナス253℃と天然ガスの液化温度162℃に比べて100℃近く低いため、その分だけ液化、輸送、貯蔵、利用のコストがかかる。現在のLNG発電のコストから考えると、水素がどんなに普及しても水素発電の単価が15円／キロワット時を切ることはないはずだ。技術革新で今後、一層のコストダウンが期待される太陽光発電、洋上風力の画期的な入札価格で、コストベースが大幅に下がった大型風力に比べると割高であることに変わりはない。

日本だけが特出しているアンモニアの位置付けも検討が必要だ。水素の輸送媒体としてアンモニアは優れた面を持っている。しかし、世界的に見ると、水素インフラの本命は純水素に見える。ウクライナ侵攻の影響によりＥＵや中国などで純水素を利用するためのインフラが普及すれば、世界の水素流通のインフラのデファクトスタンダードは純水素用になる。メタネーションにも同じことがいえる。メタネーションは、水素から天然ガスを生成するための技術だ。現在主流なのは、いったん電気分解で水素を生成したうえで、ＣＯ$_2$と触媒反応させて天然ガスの主成分であるメタンを生成するという技術だ。水素で天然ガスを生成すれば、天然ガスのために整備されたインフラや設備を使えるのでメリットはある。問題は、メタネーションの効率の低さである。経済面では、水素の生成コストが２０３０年に30円／立方メートルとされているのに対し、メタネーションのコストは同年に１２０円／立方メートルにもなるとされる。高いといわれている水素の4倍のコストだ。水素を海外で製造して輸入することを考えても、水素に対して経済的に優位に立つのは難しい。燃料電池の技術を用いて水とＣＯ$_2$から直接メタンを生成する革新的な技術の開発も進んでいるので、コスト差が覆される可能性はある。

しかしながら、普及が可能となるのは2050年ごろとされている。そのころまでには、ゼロカーボン燃料市場の趨勢は決まっているから、メタネーションが新燃料輸送のデファクトスタンダードになることは、難しいのではないだろうか。

これまでエネルギー分野での覇権は世界の政治、経済に大きな影響を及ぼしてきた。GDP世界10位程度のロシアへの制裁で世界中が難儀しているように、その構造は今でも変わらない。カーボンニュートラルの時代でも、エネルギー資源やエネルギー技術の覇権を握る国が大きな影響を及ぼすだろう。そして、歴史的に見ても、現状の国際的な影響力から見ても日本が覇権を握れることはあるまい。次世代燃料である水素については、そうした日本の立場を踏まえたうえで、デファクトスタンダードの動向を見定め、それに追随するという戦略が取るべき道だ。

抜け出せない火力依存

火力依存から抜け出せない構造も問題だ。原子力発電とCCUSで30~40%となっているが、福島第一原子力発電所の事故から11年を経て、地元の同意を得て稼働に至ったのは10基、その中で運転しているのは7基にとどまっている。33基の原発の2割強に過ぎない。しかも、原発は訴訟が起これば稼働を停止しなくてはならず、高い稼働率が見込めない状況にある。原子力発電所の建設のピークは1980年代だ。2020年代になると稼働期間が（原子力発電所の稼働期間上限とされている）40年に達する原子力発電所が続々と出てくる。原子力規制委員会の審査を受けて稼働期間を20年間延長しても、２０４０年代には稼働期間の上限に達する原子力発電所が急増する。最近になってようやく原子力発電所の更新や新技術の開発が言及されるようになった。しかし、歴代最長を誇った安倍政権の期間中すら10基しか復帰できなかった原子力発電所の再稼働を加速し、さらに老朽化した発電所の更新のための各地域の合意を得るのは至難の業だ。原子力発電に期待できるのは10％強程度と見るのが妥当ではないか。

割高になる日本の電力

そうすると日本は、２０５０年になっても総発電量の20〜30％を火力発電に頼らざるを得ないことになる。ＣＣＳを装着して脱炭素化したうえで、限りある化石燃料をできるだけ長期間使っていこうとするのは、必ずしも間違いではない。ここでも大きな問題になるのはコストだ。ＣＣＳを行うためには、火力発電所から排出される二酸化炭素を捕獲するための装置を付け、二酸化炭素を貯留する場所まで運び、貯留施設に入れ、貯留を維持しなくてはならない。日本の場合、適切な貯留場所が少ないため、二酸化炭素を液化したうえで、海外の貯留施設まで輸送しなくてはならない。こうした一連のコストが上乗せされるため（火力＋ＣＣＳ）のコストは水素発電より高くなると考えられる。しかも、第１章で述べたように、ロシアのウクライナ侵攻に伴う化石燃料のひっ迫、さらには化石燃料をフェードアウトさせるための国際的な枠組みの不在で、火力発電自体のコストも右肩上がりにある。火力依存度が高くなる分、他国に比べて日本の電力料金は高くなる。ＣＣＳではなくＣＣＵＳとされているのも問題だ。ＣＣＵＳであれば、排出された二酸化炭素が有効活用されるので環境面でも有効だし、有効利用によりコストを回収できるかもしれない。一般に、リサイクルが理想的に実現するためには、リサイクル材に対して有効利用の需要が十分に大きいことが条件になる。十分な需要がないところで、無理に需要をつくり、見かけ上リサイクルを成立させようとすると、リサイクル製品が売れないなどでリサイクル事業が損失を被る、せっかくつくったリサイクル製品が新たな廃棄物になるといった状況になりかねない。日本には、この点で多くの学習実績がある。総発電量の20〜30%に相当する二酸化炭素の量は膨大だ。これをリサイクルすることを前提とするのは経済的に相当なリスクを伴う。回収された二酸化炭素の扱いについては、まずはＣＣＳを前提としたうえで、無理のない範囲でＣＣＵＳを行うのが現実的といえる。

不確実さのリスクに晒される日本の電源構成

以上をまとめると、日本は、主要国に比べて太陽光発電、風力発電という中核的な再生可能エネルギーの割合が低いという状況を、水素やＣＣＵＳのような新技術で何とか補おうとする構図が見て取れる。しかも、新技術の中に、アンセニアやメタネーション、二酸化炭素のリサイクルという一部の業界の期待や理想論も取り込まれている。EUや中国の目標は、太陽光発電や風力発電という確立された技術をできるだけ普及し、水力発電のように地政学的に制約がある電源、原子力のように社会的に制約がある電源、水素やCCSのように新技術ならではの不確実性を伴う電源の位置付けは控えめにしている。大胆に見えるようでも、実は堅実さもあわせ持ったのが各国の計画なのである。それに比べると、日本の計画は、新技術やリサイクルなど不確実性の要素が大きい電源の可能性に賭けようという姿勢が強い。エネルギーは社会の基盤だから、賭けが目論見どおりにいかない場合は、多少問題があっても確実な代替案で補わなくてはならない。福島第一原子力発電所の事故以降の日本のエネルギーは、再生可能エネルギーの普及や原子力発電の復帰という賭けが目論見どおりにいかず、火力発電という弥縫策で補ってきた。そのツケが今、日本に圧し掛かっている。

ウクライナ侵攻で世界のエネルギー情勢が変わったこともあり、これからは同じような代替策は取れない。2050年のカーボンニュートラルの目標達成に至る過程で、新技術への賭けが目論見どおりいかず、原子力の復帰もままならず火力に頼るようなことがあれば、日本は、次世代のエネルギーシステムづくりで大きく遅れた国と評価されるようになる。市場から脱炭素の取り組み状況を問われる企業や、電力消費量の多い企業は、日本で事業を行うことができなくなるかもしれない。また、火力依存を高めると、日本経済が第1章で述べた化石燃料市場の不確実さのリスクに晒される可能性も大きくなる。

なぜ、日本は再生可能エネルギーが足りないのか

そうであれば誰しも、日本もEUや中国のように技術的に確立された太陽光発電や風力発電の割合をもっと増やすべきではないかという考えに至る。しかし、40〜50%という現状の目標ですら、日本としては相当にストレッチした計画であるのが実態だ。そうであるなら、次に考えなくてはいけないのは、なぜ、日本は太陽光発電や風力発電のような再生可能エネルギーが足りないのかである。理由は3つある。

一つ目は、日本は経済規模に対して国土面積が小さいからである。再生可能エネルギーの賦存量は、国土面積の関数である。太陽光発電や風力発電の発電量は、日射量や風況の影響もあるが、設置する面積が広いほど大きくなる。一方で、電力需要は経済規模の関数である。日本はOECD加盟国の中で、面積に対する経済規模が大きい。

二つ目は、日本は国土に占める平地の面積の比率が小さいからである。国土の7割以上を山地と丘陵地が占め、平坦な台地や低地は4分の1しかない。大都市は例外なく平地に存在し、多くの人口が平地に集中しているが、山間地にも相当な数の国民が生活している。よほどの高

地にでも行かない限り、無数の集落が日本中の山間地の小さな平地や傾斜地に立地している。

例えば、中国には14億人の国民が生活しているが、北京市や天津市のような1000万人級の巨大都市が立地する中国北東部でも、何キロも人が住んでいない土地はいくらでもある。米国も中西部に荒涼とした大地が広がり、ドイツ、英国、フランスでも広大な平地や丘陵地が続く。これだけ多くの人口が山間地で生活している経済大国は、世界中探しても日本だけといってよい。そして、そうした地域でも豊かな自然と共生しながらも、大都市と同じような生活が送れるようなインフラを整備してきたのが日本の発展の歴史である。こうした日本特有の地政学的な環境と歴史は、再生可能エネルギーの普及を考えるに当たり、決して欠いてはいけない重要な論点である。

そして三つ目は、これまで世界の再生可能エネルギーの中心となってきた、大型のウィンドファーム、メガソーラーなどが広大な平地を有する大陸の国で開発されてきたことだ。世界の大規模メガソーラーの発電容量はギガワット級だ。太陽光パネルの発電容量を1キロワット/平方メートルとすると、1平方キロ以上の広さが必要になる。日本で平方キロ単位の平地を確保するのは、容易ではない。また、単位面積当たりの太陽光発電の売り上げを考えると、工場を建てたほうが経済規模は大きくなる。限られた土地で一時は世界2位まで上り詰めた経済大国となった日本において、少なくとも平地では効率的な土地の利用方法とはいえない。

大陸生まれのFIT

日本でも山地の経済効率的な土地利用は進んでいないし、土地代も平地に比べるとはるかに安い。そこに大型のウィンドファームやメガソーラーを展開すれば、少なくとも用地費は安くなるという考えもあるし、そうした取り組みも行われてきた。しかし、大陸の平地に比べると発電設備の建設コストが嵩む。接続する送電線がない場合は、山地を通る送電線を建設しなくてはならないので、さらにコストがかかる。国土形成上の問題もある。多くの日本人は、緑の山地に囲まれた自然環境を大切にしてきた。第3章で示したように、そこに大量の風車やメガソーラーを建設することに対する反対論は多い。最近では、気候変動による頻発化した豪雨や台風による災害に対処するための国土保全の問題も顕在化している。山地の森林は、下流域を豪雨から守るための天然の防壁として機能している。

東日本大震災の直後の混乱の中で策定された日本のFITは、メガソーラーバブルを生み出し、無理に山地を切り開きメガソーラーを建設したことが国土保全を損なう結果になった例もある。歴史的に見て、FITは、大陸で大量の再生可能エネルギーを普及させるために作られた制度でもある。一つひとつの地域の事情に鑑み、地域の事情に応じた再生可能エネルギーを導入するために作られた制度とはいえない。大型の再生可能エネルギー電源の建設に伴う地域との軋轢は、前述した日本の国土利用の歴史と大陸生まれの技術や制度との間に摩擦が起こったことの結果ともいえる。

脱炭素より災害対応が優先される地域社会

こうした経緯を踏まえず、大陸生まれの技術や制度を前提とした再生可能エネルギーの導入を図れば、再生可能エネルギー事業自体も大きなリスクを包含することとなる。第3章で述べたようなリスクは今後、増大すると考えるのが妥当だ。

メガソーラーを山間部に無理に展開すれば、気候変動で威力を増し続ける豪雨や台風への地域の耐力を削ぐことになる。ロシアのウクライナ侵攻で明らかになったように、国民一人ひとりにとっても、脱炭素が長期的に必要な取り組みとわかっていても、目の前にあるリスクを看過して進められるものではない。日本には、脱炭素先進国のドイツが天然ガスの調達難に際して石炭火力の利用に走った姿を日本の地域に当てはめて考える想像力が必要だ。山間地の人たちにとって、年々威力を増す台風や線状降水帯による集中豪雨からどのように命と生活を守るかは目の前の大きな課題だ。こうした地域に住む気候変動に関心の高い人であっても、災害リスクを高める可能性のあるエリアでのメガソーラーの建設を後押しすることはないだろう。地域にとっての優先順位は、脱炭素より災害への備えなのである。

メガソーラーでもうひとつ問題なのは、農業との関係である。地方を自動車で回っていると、平坦な土地にメガソーラーが敷設されている状況を目にすることが多い。なかには農業の後継者がいないため、農地をメガソーラーに転用したケースもあるという。「後継者がいなくて耕作放棄された農地をカーボンニュートラルのために太陽光発電に転用する」といわれると、時代の流れに沿った土地の使い方のようにも見える。しかし、ロシアのウクライナ侵攻をきっかけにエネルギーと同時に注目が高まっている食料安全保障の視点で考えると、必ずしもそうとはいえない。ロシアのウクライナ侵攻により世界有数の穀物輸出国ウクライナからの輸入が滞った国では、食料の調達難や価格高騰に見舞われている。いま起こっているのは、単なるエネルギー危機ではなく、資源危機なのである。エネルギー資源と同様、鉱物資源、食料資源、あるいは水資源でも、調達が滞れば経済や国民生活は危機に瀕する。そして、危機状態でさまざまな資源を目の前にしたとき、エネルギーの優位性が食料や水より高いわけではない。日本は、カロリーベースでの食料自給率カロリーベースで4割に満たない。ウクライナからの食料調達に窮している国の状況を見て、明日は我が身と考えて平時から手を打っておくのが政策の役割だ。

食料安全保障と土地利用

資源の安全保障には、長い目線での取り組みが必要だ。その意味で、ロシアのウクライナ侵攻を見て、今は荒れ地になっている農地でも農業を営むことが必要になるかもしれないというリスク感覚、あるいは技術革新で、そうした土地でも農業ができるようになるかもしれないというビジョンを為政者には期待したい。そのうえで、どんな事態になっても国民が飢えることのないように農地を確保しておくのが、食料安全保障目線に基づく政策といえる。実際、農業分野では、ロボットの導入や企業参入のための規制緩和など、生産体制を大きく変える政策が進められている。

今の日本は、このように、ウクライナ侵攻という現状を見て将来起こり得るさまざまなリスクを想像するというリスク対応の機能が不足している。ウクライナ侵攻によるエネルギー危機から食料危機の想像するのは、最もわかりやすいリスクケースの想定である。

重厚長大産業地からの転換

メガソーラーの拡張先として期待するとしたら、脱炭素に伴う産業構造の大転換で生まれる沿岸部の工業用地の利用ではないか。日本の沿岸部には、高度経済成長時代に建設された重厚長大産業系企業の巨大な工場群が立地している。１９６０年代から東京湾沿岸で行われた埋立地の面積は、ゆうに１００平方キロを超える。もちろん今でも高い生産性で操業を続けている工場もあるが、グローバル競争の中で競争力が低下した産業、脱炭素の流れで今後、維持が難しくなる工場もある。また、高度経済成長期に重厚長大産業の一層の成長を見込んで埋立地を建設したものの、オイルショックや円高などで目論見が崩れ、工場の立地が進まなかった用地も多い。

東京湾沿岸部では、こうした用地を商業、レジャー、都市、住宅などの用途向けに転換してきた例が多い。東京ディズニーランドのように大成功した例もある一方、なかには巨費を投じて都市向けのインフラを整備したものの計画どおりの都市建設が進まず、巨額の負債を負うことになった事業もある。日本はすでに本格的な人口減少の時代に入っている。人口の吸引力で独り勝ちだった東京都もコロナ禍に伴うリモートワークの普及で、近年では流入人口が減少している年もある。首都圏での新都市、巨大商業施設、リゾート施設などの建設も今までのような需要は期待できない。工場用に造られた埋立地を都市に転用する政策は時代の流れに即していない。

こうした地域にメガソーラーを集中的に建設すれば、平地で建設コストも安く済むうえ、送電網のようなインフラも整備されているので、効率的に太陽光発電を導入することができる。日本におけるメガソーラーの可能性が残されているのは、自然の土地の開拓ではなく、埋立地という巨大な人工物の上での用地転換にかかっているのではないか。

メガソーラーより難しい大型風力

大規模風力発電は、日本の陸上では適地が極めて限られる。北海道東部のよう風況の良い地域もあるが、需要地から遠く離れていることが問題だ。こうした地域に大型のウィンドファームを建設した場合、発電端での効率は良くても、遠大な送電線を整備しなくてはいけないため、送電線の建設費、送電ロスなどにより経済性は大きく低下する。また、北海道東部は毎年多くの人が観光に訪れる地域だから、大型風車が豊かな自然環境とどのように共生するかという課題もある。だからこそ需要地に近い地域で洋上風力を拡大するという理屈は理解できる。しかし、第2章、第3章で述べたように、日本の洋上風力は、コストが嵩むうえに安定した偏西風に恵まれた地域に比べると発電効率の面でも劣る。日本で建設される大型風車については、台風用の強度設計が成されている。IEAが示している強風用の風車の設計風速は57メートル時だが、2019年に千葉県を襲った台風15号では、最大風速が45メートル時に達し、大きな被害を受けた千葉県鋸南町では、最大瞬間風速57メートル時を記録した。風速は高度が上がるほど強くなるので、大型風車のナセルが設置される地上200メートル付近では、もっと強い風が吹いていたかもしれない。さらに、より大型の台風が襲来すると、千葉県沖では、10メートル近い高波が発生することもある。

2050年までの30年間、気候変動の影響が大きくなり台風が一層強大化するなかで、こうした海域で想定される最大風速は相当な大きさになるはずだ。しかも、10メートル級の巨大な波も同時に発生する。構造物の強度計算では、大地震、巨大台風などは同時に発生しないことを前提とすることが普通だから、太平洋沿岸で将来発生し得る最大級の台風が発生した場合の大型風車の強度設計は相当過酷なものとなる。大型の洋上風力発電所が大型の台風で重大な被害を受けた場合には、周辺地域にも深刻な影響が出る可能性がある。

大型風力発電の置かれた立場は、メガソーラーより厳しいともいえる。

合意形成が難しい輸入バイオマス

大型バイオマスについてもリスクは大きい。大型のバイオマス発電を行うためには、国内で広いエリアから廃材や乾燥木材を収集して事業を行う、海外から大量のバイオマスを輸入して事業を行うかのどちらかだ。前者の場合、例えば、1万キロワット級のバイオマス発電を行うためには、広大なエリアからありったけのバイオマスを集めなくてはならなくなる。多くの場合、山谷を超えてバイオマスを収集することになるので収集コストも上がる。

国土の3分の2を覆う森林資源のエネルギー活用は、日本にとって重要な取り組みだ。大規模であっても森林資源の循環サイクルの範囲内でバイオマスを収集すれば、自然との共生型のバイオマス事業をつくり出すことはできる。しかし、急峻な山々が多い日本では、こうした仕

（図４－１）座礁資産化する再生可能エネルギー

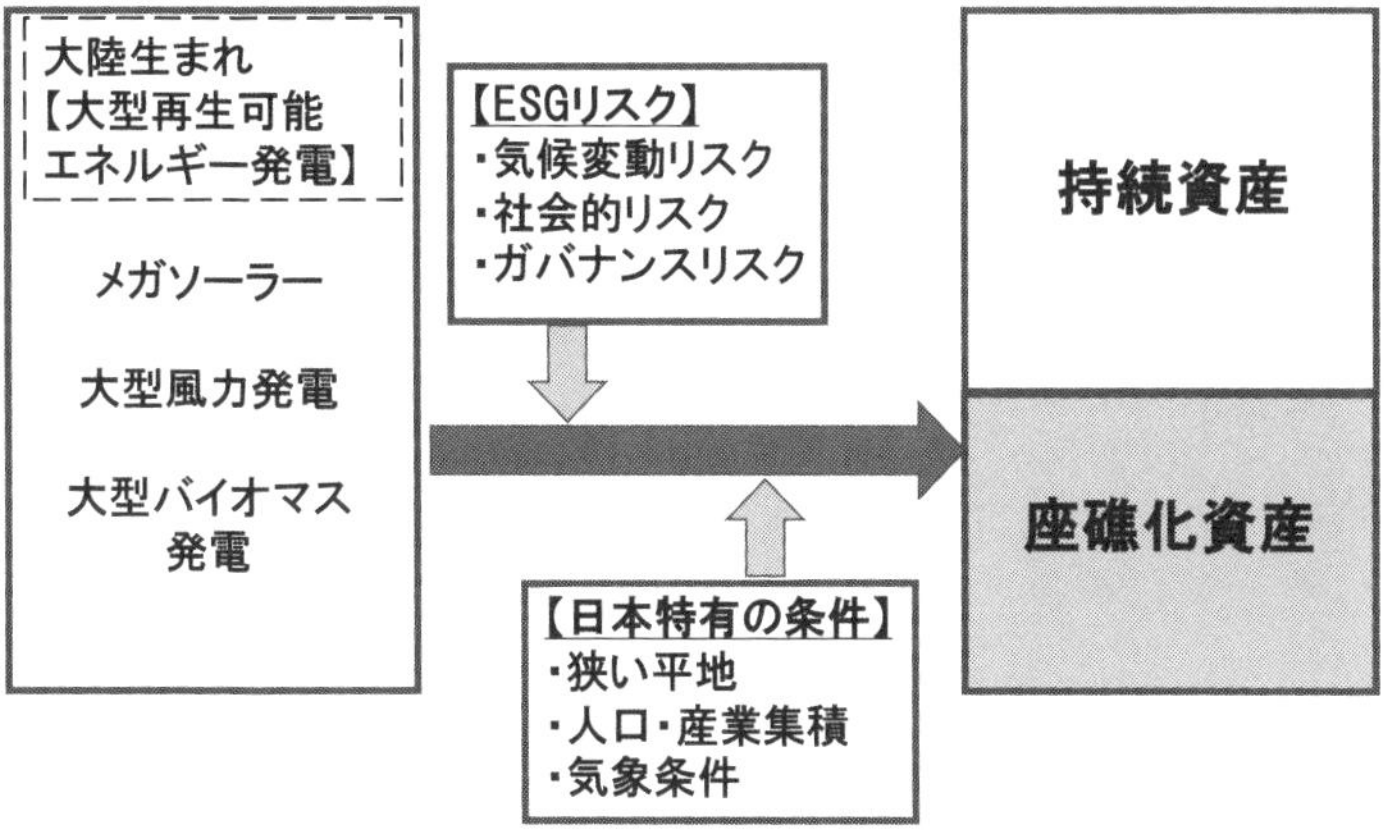

出所：筆者作成

組みで事業が成り立つ地域は限られるし、長期にわたりバイオマス収集の仕組みを維持するのも大変だ。

そこで、多くの事業者が注目したのが、海外から大量のバイオマスを日本に輸送してバイオマス発電だ。第３章でも述べたが、この手の事業で問題になるのは、海外で収集されるバイオマスが資源循環や労働環境などの面で適切に収集されているか、あるいはそれが適切であるかをいかに確認するかである。

東南アジアで収集された椰子殻を使ったバイオマス発電では、椰子柄の栽培が自然環境を損なっていることに加え、労働環境にも問題があるとの指摘を受けた。これに対して事業者側は、第三者機関に依頼してバイオマスの栽培、収集に問題がないことを確認してもらい認証をもらう場合もある。しかし、ある案件では、そうした手続きを経ても、ＮＰＯ（非営利団体）などからの事業への批判はなくならず事業を断念することになった。

こうした状況が示しているのは、バイオマスの栽培、収集が適切であるかどうかをすべての人が納得する形で証明することが容易ではないということだ。椰子柄の栽培が環境に配慮し適切に行われ公的に認可されたとしても、熱帯雨林を切り開いてプランテーションを作ること自体を批判する人を納得させることはできない。例えば、日本では、稲作で発生する稲わらはすき込みによって土に還すことで米作のための土壌づくりに活かされている。ここで稲わらをエネルギーに回し、化学肥料で代替しようとすれば、批判が起こる可能性はある。長い間、地域と密着してきた農業の資源循環の中からエネルギーのバイオマスを取り出すのには、机上の理屈では片付けられない問題を伴う。

先進国でもバイオマス発電の問題が指摘されている。ＥＵや米国のカリフォルニア州では、森林破壊を伴う植物を燃料とするバイオマス発電は再生可能エネルギーとして認めない方針を示している。輸出についても、米国のＮＰＯなどは日本が米国から輸入するバイオマスが気候、森林、地域社会に悪影響を及ぼしているとして、日本に抗議文書を送付したとされる。高温による山火事の頻発で、米国では森林資源の保全に対する意識が高まっていくと考えられるから、バイオマス輸出への圧力が高まる可能性もある。

日本で大陸生まれの大型再生可能エネルギー事業を立ち上げるには、第3章で述べたESGの観点で入念な事業構造の評価、用地選定、地域との合意形成、NPOなどとの意見交換が必要だ。それを怠れば、当初の予定より収益が大幅に下回る、反対運動によって事業を断念せざるを得ない、バイオマスなどは環境性が認められないなどの状況を呈する可能性が、これまで以上に高まっている。そのとき、再生可能エネルギー事業といえども「座礁資産化」するリスクがあるのだ。

（2）ESG視点で再生可能エネルギーを再考する

改めて地産地消に立ち返る

再生可能エネルギーの議論が始まった1990年代や2000年代には「地産地消」という理念が注目された。しかし、FITの導入を契機に大規模な再生可能エネルギー事業が始まり、巨額の資金が投じられるようになると、地産地消の声はなくなりこそしないが、影が薄くなっていることは否めない。事業としていかに収益を上げるか、産業としていかに発展するかが政府や経営者の関心事だ。地産地消の理念を大事にして足元からエネルギーとの接し方を考えようとする人の存在感は、収益志向の事業者の声に薄められている。

バイオエネルギーは、再生可能エネルギーの中でも地産地消の重要性が最も問われたエネルギーだ。地域を取り囲む自然の循環の中で、その循環を壊すことなく、いかにうまくエネルギーの恩恵を預かれるかという再生可能エネルギー本来の理念を最も意識しやすいのがバイオエネルギーだからだ。その根幹にあるのは「バイオマスの存在を感じながらエネルギーの恩恵に与る」という理念である。例えば、かつての日本のように里山の森林資源をエネルギーに利用するような生活をしていれば、森が衰退するほどバイオマスを使うことはしない。前述した大型バイオマス発電の状況は、バイオマスエネルギー本来の理念を看過し、エネルギー事業の収益ばかりに目がいってしまったことの結果である。バイオエネルギーで起こっている社会との軋轢は、再生可能エネルギー事業の本来の理念に関する警鐘ともいえる。形は違っても同じような理念は、今後、太陽光発電でも風力発電でも求められるようになる。

だからといって「里山規模の地産地消に回帰せよ」と言うのではない。技術、情報基盤が飛躍的に進歩したことで、われわれが再生可能エネルギー資源の存在を感じることのできる範囲も各段に広がっている。それがインドネシアのプランテーションまで及ぶのは当分先のことだが、いくつかの山を越え、川を跨ぐくらいの広がりは十分に期待できる。

日本には日本の再生可能エネルギーモデルを

ここまで流れを整理すると以下のようになる。

- ２０５０年のカーボンニュートラルに向け、日本は主要国に比べ再生可能エネルギー資源が圧倒的に少ない。
- 日本は、再生可能エネルギーの不足を、不確実性とコストが高い水素とＣＣＳで補わざるを得なくなっている。
- 日本が信頼性の高いエネルギーシステムを構築するには、少ない再生可能エネルギー資源をいかに掘り起こすかが重要となる。
- 大陸生まれの再生可能エネルギーの過度の導入拡大は、社会との軋轢を広げる。四面楚歌のような日本の現状から活路を見いだすには、再生可能エネルギーの本論に戻ることが必要だ。それは「ある地域（国）で再生可能エネルギーの使うに当たっては、当該地域の自然環境に合った再生可能エネルギーの使い方を見いだすことが不可欠である」という考え方だ。

日本は元来、緑が豊富で、良質な農産物が育ち、温暖で四季があるなど自然に恵まれた国であったはずだ。こうした環境のもとで自然と共生してきたことが、他国の大都市がエネルギー利用の拡大で周辺の自然の枯渇させたのに対して、世界有数の大都市であった江戸が循環型の社会システムを構築することにつながったのである。復古主義に陥るつもりはないが、日本の自然環境に見合った再生可能エネルギーの使い方を見いだすには、こうした固有の文化を振り返ることの意味はある。

「共生」が日本型再生可能エネルギーの鍵

日本の人口の多くは、扇状地の平地と盆地に集中している。こうした地域の限られた土地の中で社会に必要なインフラと生活が共存してきたのが、日本固有の循環型のシステムである。日本が長い歴史の中で培ってきた仕組みであり、ここにこそ日本の自然環境に見合った再生可能エネルギーのモデルの理念がある。そのためのキーワードは「共生」である。

前述したように、メガソーラーや大規模なウィンドファームを造ろうとしても、これらを効率的に建設できる平地には多くの国民が生活し、産業が営まれている。かといって、国土の3分の2を覆う豊かな森林をむやみに伐採することはできない。山々を覆う森林は、災害から国民生活を守り、水や養分の源となる日本の恵みの源泉である。そうであるなら、日本の再生可能エネルギーは、限られた平地における生活や産業活動と共生するものでなければならない。ひとつの再生可能エネルギー電源の規模を負うのではなく、こうした地域共生型電源を実現するモデルや技術を考えることに、より多くの資源を投入することが必要だ。そのための政策や企業活動を期待したい。

地域共生型電源は、これまで世界の主流であった大規模な再生可能エネルギー電源と理念を大きく異にするものだ。大陸国のメガソーラー、大型のウィンドファーム、大型のバイオマス発電は、人々の生活や一般の産業活動と離れた場所に建設されている。地域共生型電源の対岸にある生活・電源分離型モデルである。環境共生型電源ではあるが、地域との関係は、生活圏から遠く離れた場所に建設された大型火力発電や原子力発電と同じだ。生活圏から離れた場所に利用度の低い広大な平地が広がる欧州諸国、米国、中国などの大陸国では、火力発電や原子力発電を再生可能エネルギー電源に置き換えるだけで、さほど大きな問題もなく脱炭素を進める地域が豊富にある。そうした地域との関係から生まれた大型再生可能エネルギー電源や、そこで利用される設備が再生可能エネルギー事業のデファクトスタンダードとなった。前述したように、それを鵜呑みにすれば、日本のエネルギーシステムは、大きなリスクを抱え込むことになる。

再生可能エネルギー電源の新しい潮流

大陸発の生活・電源分離型のモデルが、今後もデファクトスタンダードとして世界中に普及していくかどうかはわからない。世界は、利用度の低い広大な平地や偏西風に恵まれた地域ばかりではないからだ。日本のように限られた平地に多くの国民が生活し、産業が営まれている国は少なくない。国土が比較的狭く、人口が多いアジアには、そうした国がいくつもある。ベトナムは、細長い国土に1億人の人口が生活している。タイは、広大な平地はあるが、有数の農業生産国、工業国として農業や工業との共存が必要だ。バングラデシュは、比較的小さな国土に1億人以上の人口を抱えている。ミャンマーは、狭い扇状地に人口が集中し、扇状地の周辺には勾配の急な山間地が広がる。こうした国で再生可能エネルギー主体のエネルギーシステムを構築しようとすれば、生活や産業との共存は避けられない。

電源は地域との共存を図っていくと、中小型規模の設備を自然環境、あるいは生活や産業を営んでいるエリアとモザイク状に配置することになるだろう。バイオマス発電や地熱発電などの電源の規模は、数百から数千キロワットになるだろう。太陽光発電は、数十～数千キロワット程度だろう。風力発電については、地域に威圧感を与えないサイズと形状の新しい設計が必要になる。

再生可能エネルギー事業に求められる要件も変わりつつある。再生可能エネルギー由来の電力が過半を占めるような時代になるには、当然のことながら再生可能エネルギーは特別扱いされなくなる。二酸化炭素を大量に排出する電源には、ディスインセンティブが課せられるだろうが、ゼロカーボン電源だからといって特別なプレミアムは払われなくなる。再生可能エネル

(図４－２)モザイク状に立地する地域共生型電源

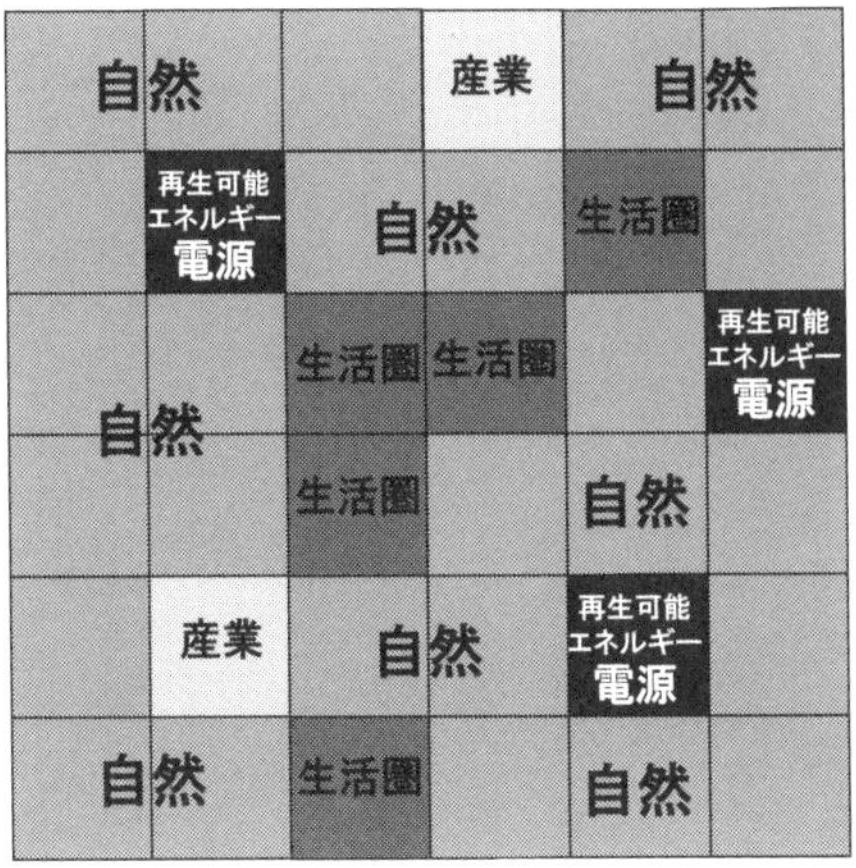

出所：筆者作成

ギーは、環境要件を満たした普通の電源になるのである。こうした時代に電源に求められる条件はＥＳＧの観点から整理できる。

即ち、これまで再生可能エネルギーにはＥＳＧのうちＥ、Environment の部分だけが問われてきたのに対して、これからは残りの２つの要素、Social、Governance についても評価されるようになる。単に二酸化炭素を排出していないだけではなく、それが発電現地周辺の地域社会に対して悪影響を及ぼしていないか、きちんとした体制で運営されているかが重要になるのだ。一般の商品では、すでに雇用環境、人権、運営体制などが年々厳しく問われるようになっている。エネルギーも事業者が供給する商品のひとつであることを考えると、その生産現場において Social や Governance が問われるようになるのは至極当然のことだ。日本では、東日本大震災後、再生可能エネルギー事業のあるべき姿について深い議論が行われることもなく、割高な買取単価が設定された。その結果、ローリスクハイリターンの儲けの手段として再生可能エネルギー事業に資金が流入し、一部でモラルの低い事業者がエネルギー分野に参入したことは否定できない。FITの歪みにより環境面のプレミアムばかりが注目され、Social、Governanceなどへの取り組みが遅れてきたともいえる。第3章で示した再生可能エネルギーに関するいくつかの問題は、そうした経緯を反映したものだ。

ESGの素養が問われる時代

再生可能エネルギーについては、「産地証明書」の取引が始まっている。JEPXでは、2023年度を目途に再生可能エネルギーの「産地証明」の取引が始められる見込みだ。すべての電力を再生可能エネルギーで賄うことを目指すRE100でも電力のトラッキング（追跡情報）を参加企業に求めることになる。EUでは「GO（Guarantee of Origin）」という制度で、加盟国に再生可能エネルギーが、どこで、どのように作られたかを管理することが求められている。こうした動きがESG評価の流れと整合してくる。

再生可能エネルギーの導入量が増えると、筋の良い再生可能エネルギーと、良くない再生可能エネルギーの価格に違いが出るのは当然の成り行きだ。再生可能エネルギーが普通の電源になる時代、筋の良い再生可能エネルギーであることを証明する証書の値段が環境価値そのものを超えることは十分にあり得る。実際、二酸化炭素クレジットの取引では、ボランタリークレジットの市場が拡大しており、一般のクレジットよりはるかに高い価格で取引が行われている。

以上の流れを、再生可能エネルギー事業を立ち上げる側から眺めると、Social、Governanceの評価が事業の収益を左右する新たなリスクとチャンスに見えてくる。そうした理解でESGの視点から再生可能エネルギー事業の行方を考えてみよう。

Environmentで重要になるのは、「環境性がいかに継続するか」だ。例えば、第2章、第3章で示した海外のバイオマスを使ったバイオマス発電では、10年後にバイオマスを円滑に調達できない可能性がある。調達できたとしても再生可能エネルギーとして認められないかもしれない。この10年間のESGの浸透度やグリーンウォッシュ、ESGウォッシュに対する批判を考えると、再生可能エネルギーの評価は間違いなく厳しくなる。日本国内でFITによって15年間の買い取りが保証されても、グローバル企業が再生可能エネルギーとして評価しなくなったり、海外からのバイオマスの輸入が難しくなれば事業として成り立たなくなる。

再生可能エネルギーとして評価されていても、同じだけの量の環境性を供給できなくなるケースもある。例えば、風力発電では、偏西風の蛇行の影響が長期に及んだ場合、当初計画していただけの発電ができなくなる恐れがある。そうなると計画していた収入も環境プレミアムも得られないことになる。

厳しさ増すSocialの評価

Socialについては今後、間違いなく評価が厳しくなる。そもそも地球の持続可能性を高めるために再生可能エネルギーを導入しているのに、エネルギーや燃料を作っている現場でコミュニティの持続性を低下させるのは本末転倒だ。洋上風力発電では、風車を立てることが回遊性の魚類の生態に影響を与えるのでないかという懸念がある。そうでないことを立証するためには、実際に魚類の生態が大きな影響を受けていないことを具体的に説明しないといけない。ダムや堰では、魚の遡上への影響が懸念された場合、魚道を設けて魚道を通る魚の数を数え、遡上が続いていることを立証する。同じような対処をするのであれば、メガソーラーが大雨のときの災害に影響を与えていないことを立証するために、当地での土砂崩れや地滑りがないことだけでなく、周辺の水の流れに悪い影響を与えないかも確認しないといけない。

いずれも昨今のＩｏＴを使えば対処できる問題だ。漁業への影響であれば動画とＡＩを使えば魚の動きを把握することができるし、土木面の影響はセンサーで地表の動きを測ったり、ドローンで視覚的に確認することができる。そのためにコストはかかるが、Socialへの影響を最小限にするための備えは、再生可能エネルギー発電事業として当然負担すべきコストという認識が普及していくはずだ。

バイオエネルギーは、Social の影響が大きくなる。農場での過剰労働や労働搾取などについては、きちんとした労働管理を行い、実態をトレースしたり、第三者の評価を受けたりすれば、その分生産コストは上がる。途上国など行政システムが不十分な国や地域で、どの程度機能するかという問題はあるが、理屈のうえで解決は可能だ。一方、大量のバイオマスの栽培が社会に負の影響を与えていないかを立証するのは難しい。燃料化しやすい農産物を大規模に栽培すれば、第3章で述べたように山火事を誘発することになるかもしれない。生態系への影響は必ずある。こうしたリスクを将来にわたって評価するのは、容易ではない。世界中の多くの地域で農業は、地域の文化やコミュニティと密接に結び付いている。大規模なバイオマス栽培が、これらに負の影響を与えないかどうか評価するのは難しい。加えて、何をもって影響を与えているかどうかの基準が地域によっても、個人によっても異なる。当初は問題が起こらなかったものの、何年もしてから文化、コミュニティ、生態などに悪影響があったと指摘されるリスクもある。

人口密度が低く広大な平地のある大陸ならともかく、人口集積、自然資源、農地が複雑に絡み合い、歴史や文化もある日本で、バイオマスの大規模生産にまつわるリスクを管理するのは難しい。できるとすれば、きちんと管理されたプラントの中で生産される微細藻類くらいではないか。

再生可能エネルギー事業のGovernance

再生可能エネルギー事業のGovernanceについては、あまり議論されてこなかったが、これからは重要さが高まる。なぜなら、再生可能エネルギー事業のGovernance問題は、Socialの問題と表裏一体であるからだ。

これまで地域と発電所の関係は地域が用地を提供し、発電所の管理者や技術者が大都市から派遣され、地域は、そのもとで働く人材を供給するというものであった。工場誘致と基本的に同じ構造だ。こうした関係がある程度地域を潤してきたのは事実だが、一方で、付加価値の多くは大都市に回り、地域に落ちるお金は借地料や固定資産税、労働に対する対価などに限られていた。国内の景気後退とグローバル化が進展した１９９０年代以降は、企業誘致に頼る地域にとって厳しい時代となった。大企業が生産拠点を海外に移転した地域では、地域経済が衰退の憂き目にあった。また、大企業が部品や素材をグローバル市場から調達するようになると、地域の中小企業は産業ピラミッドから放り出されることとなった。大企業など外部の資本に依存し過ぎた地域産業の問題が明らかになったのが、この時期だ。

ここまでの議論で、ＥＳＧの観点から今後の再生可能エネルギー事業に求められる重要なキーワードが「地域との共生」であることは明らかだ。そうすると、再生可能エネルギーが地域に貢献する枠組みには進化のステップがある。

地域が主体となるための3つの段階

第一段階は、エネルギー事業から得られた収益の一部を地域に還元したり、固定資産税を納めたり、雇用を生み出したりする形態だ。経済面だけに限った地域貢献である。地域は土地や労働力を提供するので共生といえないこともないが、事業の権利は１００％事業者側にある。この形態のもうひとつの問題は、他分野からの労働力のシフトを前提としていることだ。例えば、農業から工場に労働力がシフトすれば、農業の生産は長期的に縮小せざるを得ない。ここにグローバル化などによる大企業の工場の撤退が加わると、かつてあった農業の付加価値も失い、地域は衰退する。日本の多くの地域で起こった負の連鎖だ。

この段階で地域が成長するためには、地域に還元された資金を将来の成長のために投じないといけない。しかし、個人や行政などに広く分散した資金をひとつの方向に束ねて成長につなげるのは、容易ではない。

第二段階は、地域がエネルギー事業に参加する形態だ。いわゆる地域との協働事業だ。こう

(図4－3)地域共生型再生可能エネルギー事業の3段階

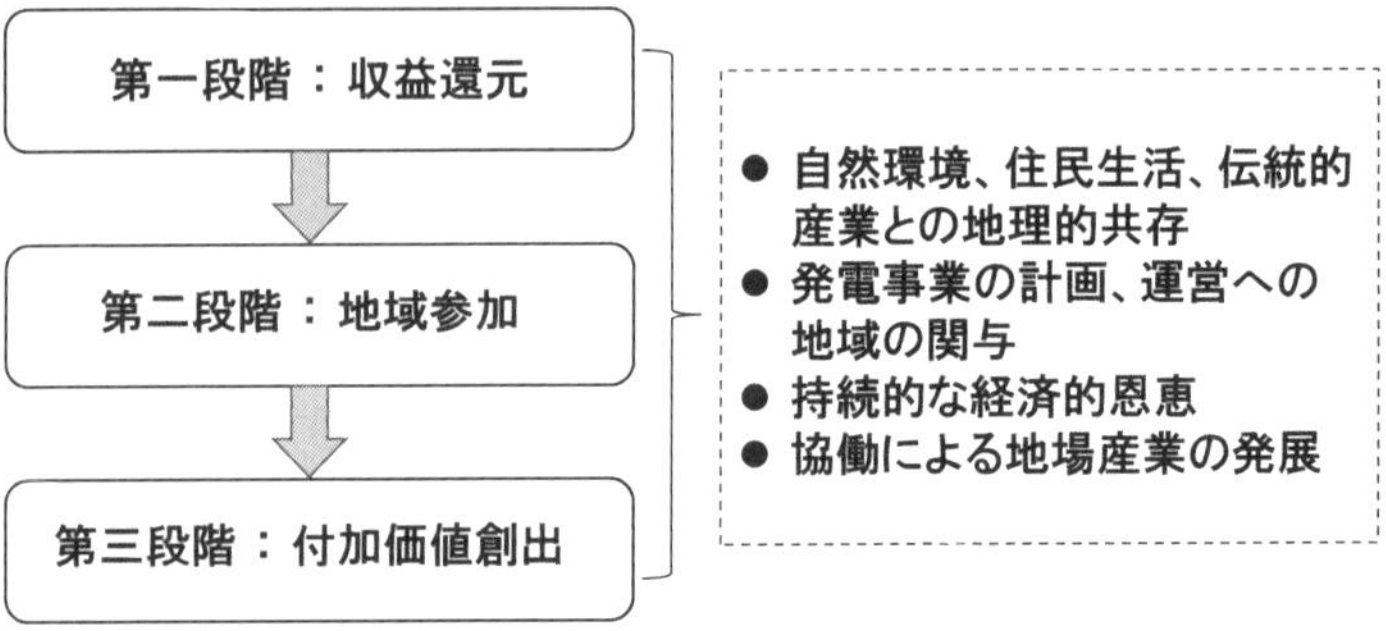

出所：筆者作成

した形態であれば、地域は事業から得られた付加価値を手にすることができる。エネルギー事業を経営するための人材が育つ可能性もある。実際、再生可能エネルギー事業では、企業と地域の協働による事業がいろいろな地域で立ち上がった。しかし、地域の投資力に限りがあるので、どうしても事業規模は限られたものとなる。それが地域の成長に結び付くためには、地域で生まれたビジネスの仕組みを他地域に展開するなどの成長戦略が必要だ。それには、エネルギー事業の関係者だけではなく、金融機関、コンサルタントなどを巻き込んだ事業戦略の立案が必要になる。そこまで展開できている例は稀だ。

　第三段階は、地域産業の付加価値を創出する形態だ。企業誘致において工場の撤退などで地域が憂き目を見ることになったのは、工場の誘致で得た価値を元来の地域産業の成長につなげられなかったからだ。地域産業は長い歴史の中で、地域の自然資源、人材、地政学的な位置付けなどを背景に培われてきた。筆者は、北陸三県の産学連携による産業創出プロジェクトの総括エリアコーディネーターを務めている。この地域では、昔から機械、金属加工、繊維などの産業が盛んで、今でも高いレベルを誇っている。背景には、冬場の厳しい気候、北前船、有力な藩の存在などの歴史がある。ロシアのウクライナ侵攻などにより過度のグローバル化は見直されるかもしれないが、日本の地域が世界各地の産業との競争に晒される構造は変わらない。そのなかで、地域の産業が維持、成長を続けていくために重要なのは、長い歴史の中で培われてきた産業の付加価値を高めていくしかない。こうした視点なしに再生可能エネルギー事業自体のガバナンスばかりに固執しても、地域の発展を支えることは難しい。

地域共生型再生可能エネルギー事業の要件

以上のように考えると、日本が目指すべき地域共生型再生可能エネルギー事業には、次のような条件が求められる。

①地域の自然環境、住民生活、伝統的な産業などと地理的に共存できること

洋上風力発電を除けば、日本の再生可能エネルギー資源の過半は、国土の3分の2を占める山間地、中山間地に賦存する。これらの地域には、多くの人が住まい、農業をはじめとする産

業を営んでいる。こうした地域の生活や産業活動の維持、サステナビリティを前提とすることが再生可能エネルギー事業の本来の在り方だ。地球環境やエネルギーのサステナビリティを謳いながら、立地地域のサステナビリティを軽視するのは、再生可能エネルギーの在り方として本末転倒である。日本で地域のサステナビリティ尊重の理念なき再生可能エネルギーが長く続くことはあり得ない。この点は、人口密度が低く、土地利用が進んでいない広大な平地が広がる大陸国の再生可能エネルギー事業との根本的な違いだ。

こうした理念のもと日本の中山間地の地形を踏まえると、日本の再生可能エネルギー事業が目指すべきなのが、中小型規模の分散型システムであることは自明である。

これまでエネルギーシステムは、工学的な観点から発電機の規模が大きいほど効率が高いと考えられてきた。熱機関を使う原子力発電や火力発電では、こうした考え方が顕著だ。風力発電も同じ考えで開発が続けられてきた。第2章で述べた再生可能エネルギー事業と立地地域の間の軋轢は、工学的な規模の理論と地域の事情にギャップが生じた結果でもある。

個々の設備だけに目を向ければ、大型になるほど効率が高くなることは間違いない。一方で、出力当たりの価格を考えると、世界で最も経済効率的な熱機関は自動車のエンジンである。日本が中小規模の分散型エネルギーシステムでエネルギーの世界を支配してきた大規模信仰に伍する経済効率性を高めるには、規格大量生産という経済的なアプローチがいかにして大規模化という工学的アプローチの効率を凌駕できるかにかかっている。

②地域が発電事業の計画、運営に関われること

地域の中で発電設備が地域住民の生活や産業活動とモザイク状（図4-2）に共存するためには、地域が発電事業の計画や運営の内容を理解し、意見を言える枠組みが必要だ。そのためには、地域が発電事業の出資者となることもひとつの方法だが、地域が資本面で主体となることを前提とすると、発電事業の規模は極めて限られたものとなる。また中小型といっても、発電事業に高度な技術を要することは変わらない。

地域と発電事業の関係においては、地域の出資がマイナーあるいはゼロでも、あるいは技術的な専門知識を持たなくても、事業に対して主体的な意識を持って意見を言える枠組みづくりが必要だ。そのために必須なのはパートナー選びである。地域を理解し、じっくりと対話し、地域振興に主体的に取り組む意思のある事業者であることが、地域共生型再生可能エネルギー事業のパートナーの絶対的な条件になる。そうしたパートナーの資質を考えずに、資本関係や契約だけで地域の発言権を確保しようとする考え方は、地域共生型の発電事業に馴染まない。

パートナーを選んだら、地域と発電事業の将来的な姿を共有し、それを実現するための協議の仕組みをつくる。資本関係があろうとなかろうと、そこで出た意見が尊重されるような関係

を築く。地域とエネルギーの関係を長い間良好に保つためには、両者の関係を公表する。地域と共有した理念を公表できない事業者はパートナーには不向きだ。

こうした動きが日本中で出てくれば、地域間、エネルギー事業者間で切磋琢磨する環境がつくられる。それを国内外の動きなどと照らし合わせて助言するＮＰＯなどの第三者機関が発達することも、日本で地域共生型再生可能エネルギー事業が健全に成長していくための課題といえる。

③地域が発電事業から持続的な経済的恩恵を受けられること

工場誘致で地域が受けた経済的な恩恵は、工場用地のための土地の売却・賃貸から得られる収入、固定資産税、工場労働者の雇用に関わる個々人の収入と、それに伴う税収などだ。地域共生型の分散型エネルギーシステムでも、こうした収入は重要であるが、中小型の発電事業であるが故に、大工場の誘致のような恩恵は期待できない。そこで重要になるのが再生可能エネルギー事業の波及効果だ。

ドイツのシュタットベルケは、配電網内のエネルギー供給で寡占的な立場を確保することで得られた収益を域内の事業に投下する。例えば、域内のモビリティサービスに投資してコミュニティの中の円滑な人の動きを支援する。モビリティサービス事業の収益性がエネルギー事業を下回れば、表面的にはシュタットベルケの収益の足を引っ張ってしまう。一方、シュタットベルケが地域の活性化に貢献していると地域住民が評価すれば、地域住民はシュタットベルケから電力を買おうとする。実際、シュタットベルクの地域内の電力販売のシェアは高いことが少なくない。住民からの支持を得て不毛な価格競争を回避できるのであれば、モビリティへの投資も十分採算に合う。地域にとっても、モビリティが改善すれば地域の魅力が向上する。

このように、地域共生型再生可能エネルギー事業は、エネルギー会社の損益計算書という狭い範囲の数字に拘り過ぎると、長期的な採算性や事業の継続性が低下する。地域に貢献することで、巡り巡って長い目で見れば、エネルギー事業の採算も改善するという大きな資金循環を描くセンスが必要になる。その際、エネルギー事業が貢献すべきなのは、地域交通や介護事業のような住民のためのインフラ、農林水産業のような地域の維持に欠かせない産業、例えば、北陸地域における機械産業のような競争力のある地場産業、観光業や伝統産業などである。

地域の活性化、産業振興などに貢献するために再生可能エネルギー事業の経営者に求められるのは、単なるエネルギー事業者としての素養ではなく、地域創生事業者としての素養である。

④ 発電事業との協働が地域産業の発展を促すこと

前項では、地域産業への貢献を地域共生型の再生可能エネルギー事業のテーマと指摘した。

ここでもうひとつ重要なのは、地域産業の革新を促すことだ。例えば、農林水産業は、後継ぎや人手の不足、低い生産性などで産業としての問題を抱えている。一方で、ロボティクスやデータ分析などにより、農林水産業の効率性や収益性を革新できる可能性が出てきている。地域交通では、補助金に頼るケースが多いが、自動運転技術が導入されればコストの過半を占める人件費を大幅に効率化することができる。完全自動運転が普及するのは少し先になるが、レベル2～3くらいの技術でも工夫次第で人件費の削減は可能だ。コロナで停滞したが、観光業への地域の期待は大きい。しかし、コロナ前の好調な時期でも、関東圏の有名な温泉地ですら、裏に回れば朽ちかけた建物が残されている場合が多い。新しいセンスの観光拠点が人気を博す一方で、高度経済成長やバブル経済時代の残骸が地域の再生を阻んでいるケースもある。着物、漆器、磁器・陶器などの伝統産業では、優れた技術を持ちながら需要の低迷で技術の維持に苦しんでいる場合が多い。一方で、伝統工芸の持つデザインや精密な工作技術を他分野に転用することで活路を見いだそうしている例も散見される。

このように、地域共生型再生可能エネルギー事業が貢献の対象とすべき地域産業の多くは、低迷と革新の狭間にある。再生可能エネルギー事業者の役割は、大都市、グローバル市場、先端産業とのパイプ役となり、地域産業を少しでも革新の側に後押しすることである。地域共生型再生可能エネルギー事業を標榜する事業者には、エネルギー事業に拘泥することなく、経営者としての視野を広げ、地域産業と革新の橋渡し役となるという意識を求めたいのである。

（3）地域共生型再生可能エネルギー事業

先端をゆくソーラーシェアリング

ここまで述べた視点を取り込んだ再生可能エネルギー事業は、すでに立ち上がっている。

そのひとつがソーラーシェアリングだ。営農型太陽光発電ともいう。ソーラーシェアリングは、農業と太陽光発電が共存する事業モデルだ。２０１３年に農地転用許可制度に係る取り扱いが明確化されたことで可能となった。農作業に支障を来さない高さに粗目のスノコ状に組んだ太陽光パネルを配置し、太陽光発電と営農を同時に行う。太陽光が遮られるように思うが、太陽の傾きを勘案して農産物の成長に十分な太陽光が降り注ぐようにすれば、これまでと同じように営農ができるという。静岡県のお茶の栽培で行われた実証事業では、遮光率が50％程度になるように太陽光パネルを配置した場合でも、お茶の収量や品質に問題がないことが確認された。その他の野菜や果物でも、30％程度の遮光率で収量や品質に問題がないことが確認されている。農業には太陽光が欠かせないが、すべての太陽光が農産物に吸収されているわけでは

(図4—4)営農型太陽光発電設備を設置するための農地転用許可件数

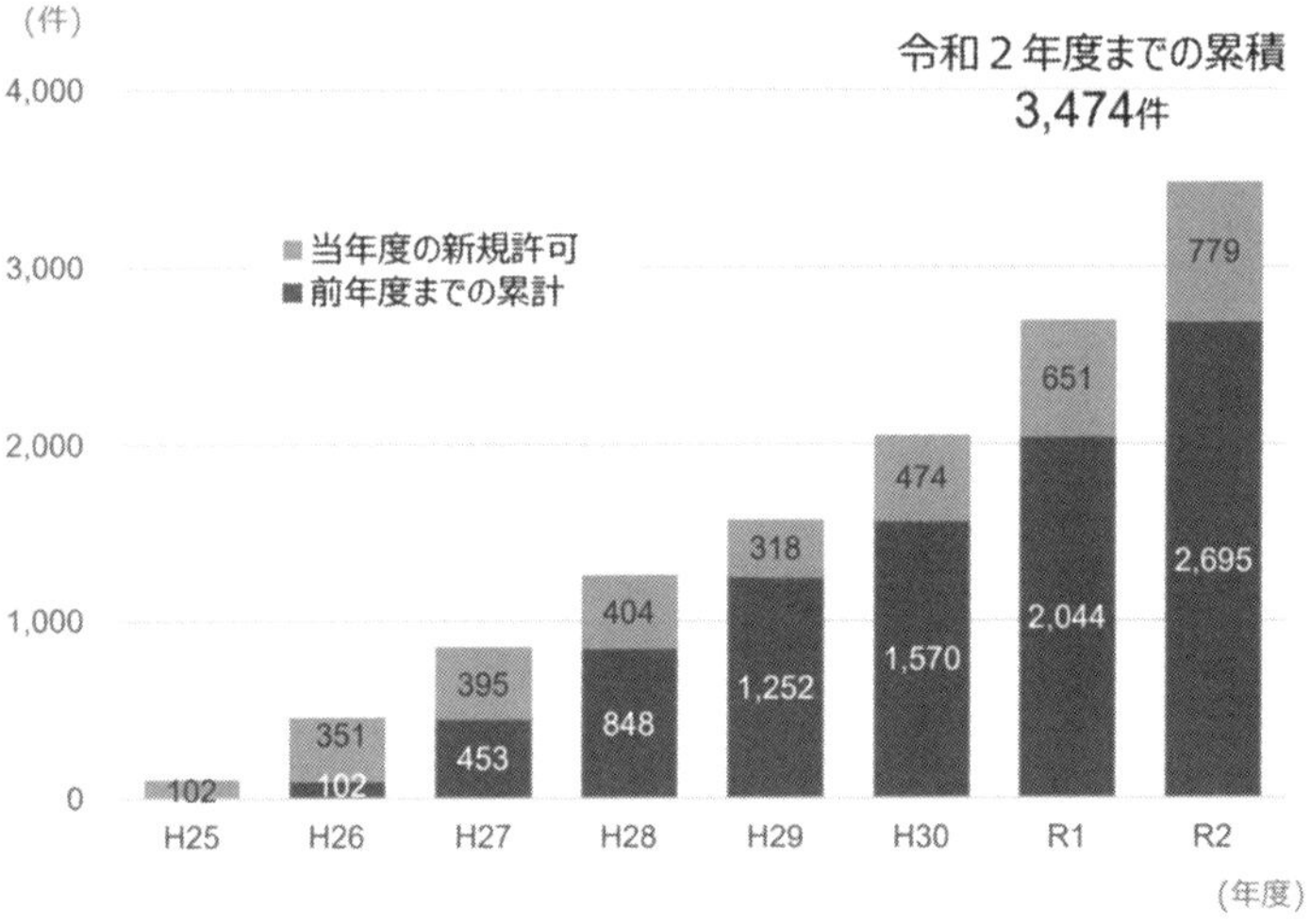

出所：農林水産省資料

ない点に注目したことで実現した事業モデルである。ソーラーシェアリングが普及すれば、農地の面積の30%に相当する規模で太陽光発電が可能ということになる。再生可能エネルギーの強力な普及策といえる。

農林水産省はかねてより、農村地域の活性化や農業者の収入拡大のために、農産物の加工、販売、あるいは観光業との連携などによる農業の6次産業化（1次産業×2次産業×3次産業）を推進してきた。ソーラーシェアリングは、1次産業である農業と3次産業である発電事業を組み合わせたビジネスモデルといえる。農業者は、発電関連の収入が得られるうえ、太陽光発電の土台を農作業に利用したり、施設園芸と組み合わせたりすれば、作業や設備投資の効率化を図ることもできる。農業者のメリットがわかりやすいこともあり、制度の見直し後、順調に普及し、2020年には全国で3000件を超える導入件数となっている。具体的な成果も出ている。

群馬県前橋市のファームドゥグループは、食の駅、地産マルシェ、農業生産資材などを手掛けるファームドゥ、太陽光発電、ソーラーファーム、電力小売りを手掛けるファームランド、「若者に夢のある新しい農業のカタチ」の構築を日指すファームクラブ、海外事業法人からなる農業と再生可能エネルギーの企業グループだ。農地所有適格法人ファームクラブ（同県高崎市）では、水菜、ルッコラ、リーフレタスなどを栽培する約16ヘクタールの農地に発電出力110・8キロワットの太陽光パネルを設置し、年間13万3000キロワット時を発電しているという。営農による収入に迫る額だ。先進的な栽培技術ではカネコ種苗、システムの構築や保守運用では日立システムズと協働し、新しい栽培スタイルの実現を目指している。

グループ各社が連携して産直店舗「食の駅」や「地産マルシェ」などにより直販を拡大、ソーラーシェアリングで栽培された野菜を「ソーラー野菜」としてブランド化するなど、高度な6次産業化が実践されている。また、モンゴルでの農業生産や太陽光・風力発電事業などにも取り組み、日本の農業の技術の海外展開も図っている。さらに、民間運営の専門学校である中央農業大学校と連携した実習者の受け入れ、県外からの移住者向けに20世帯分の営農型賃貸住

（図4－5）ファームドゥグループのソーラーファーム

出所：ファームドゥグループホームページ

宅「ソラーレはるな」の建設、企業内託児所の設置など、まさに次世代志向の新しい農業のカタチを実現するための多角的な取り組みといえる。

千葉県いすみ市の五平山農園では、ブルーベリーを栽培する10ヘクタールの農地に出力49・5キロワットの太陽光パネルを設置して年間5万3000キロワット時を発電している。発電設備は、農園の経営者が代表を務める「いすみ自然エネルギー」が地元金融機関から資金を調達し、6カ所のソーラーシェアリングを運営している。太陽光パネルを設置したことで、日陰ができて真夏の収穫作業が楽になった、乾燥が防げた、散水作業が楽になったなどの効果もあったという。一方、太陽光パネルを設置するための支柱によって除草作業が煩雑になるなどの課題もあるようだ。「若者が安定した収入を得ながら農業で食べていける姿をつくりたい」との理念のもと、ソーラーシェアリングを実施し、農家民宿や観光農園にも乗り出している。そうした姿を見て、近所の農家からは「一緒に取り組みたい」との声も出ているという。

ソーラーシェアリングの事例を見ると、発電収入が増えるだけでなく、直売、ブランド化、観光など農業の資源を多角的に活かした経営拡大に取り組んでいる姿が見て取れる。再生可能エネルギーの取り込みが、事業の付加価値向上のきっかけになる可能性があることを示唆する話だ。自らの事業だけではなく、後進の農業者や周辺地域への貢献も視野に入れた経営姿勢も伺える。効果が波及すれば、地域振興を後押しすることもできる。ここで、ソーラーパネルや架台の供給、農作業の効率化・高付加価値な農産物の生産・観光農園の運営などの支援、地域内でのソーラーシェアリングの普及などを担うことができれば、前述した第三段階の地域共生型再生可能エネルギー事業者が実現される。

太陽光発電の技術革新もソーラーシェアリングの可能性を高める。ペロブスカイト型の太陽光発電は曲面にも設置できる、塗装のような手法であらゆる設備に発電機能を付加できる、発電効率もシリコン型に比肩するレベルになりつつあるなど、次世代の太陽光発電技術としての期待が高まっている。これをソーラーシェアリングに使うと架台などの設計の自由度が高まる

（図４－６）五平山農園のソーラーシェアリング

出所：いすみ自然エネルギーホームページ

し、遮光率も柔軟に調整できるようになる。

気候変動が進むことにより農業分野で懸念されるのは高温障害だ。強さを増す太陽光により露地栽培に障害が発生するリスクが高まっているのだ。そこで、ペロブスカイト型の太陽光発電を塗布したシェードを作り、ソーラーシェアリングを行えば、太陽光の強さを調整することで農産物の適切な生育を確保することができる。エネルギー価格が右肩上がりになることを想定すれば、農産物の歩留まりが向上する効果と合わせて、十分に採算が取れるようになる可能性がある。太陽光発電での共生は、気候変動時代の農業の持続可能性を高めることになりそうだ。

都市共生型再生可能エネルギー事業

太陽光発電が共生するのは、農業だけではない。

スマートハウスは、当初、太陽光パネル付きの住宅として販売されたが、現在では、エネルギーマネジメントシステム（EMS）や蓄電池、燃料電池、高機能家電と合わせた高性能住宅に進化した。エネルギー需給ではネットゼロ、あるいはネットマイナスを実現している例もある。すでに大手住宅メーカーは住宅事業をスマートハウスに絞り込んでいる。藤沢サステナビリティタウン（神奈川県藤沢市）は、スマートハウスが集積したスマートシティだが、こうした事例が増えると、住宅地は再生可能エネルギーによるエネルギーの自立が見えてくる。スマートハウスは、再生可能エネルギーの導入が商品の付加価値を高め、街として発展した好事例である。

住宅が進化を遂げるのに対し、大型ビルが集まるオフィス街は、いまだにエネルギー消費過多拠点であり続けている。最大の理由は、敷地面積に対するエネルギー消費量が巨大であるわりに太陽光発電の恩恵が少ないからだ。ここでもペロブスカイト型の太陽光発電が都市の進化を促す可能性がある。これまで技術的、経済的な理由で太陽光パネルの設置が難しかった壁面や窓にも容易に発電機能を付加できるようになるからだ。ペロブスカイト型の太陽光発電を付加した壁材や窓を量産すれば、コストも低減できるし、太陽光発電設備の設置コストもほとんどかからなくなる。また、ビルに降り注ぐ太陽光のエネルギーを電力に転換する分、冷房負荷が小さくなるので、ビル全体の設備費も減る。こうしてエネルギーの需要、供給双方からオフィスビルの膨大なエネルギー費用を削減できるのだから、建築業界、不動産業界が協力して普及させれば、経済的にも採算が合うようにできるはずだ。メガソーラー向けの太陽光パネルで日本は中国勢に席巻されたが、ペロブスカイト型を使った建材一体型の太陽光パネルであれば、デザイン、壁材・窓材と合わせた性能、耐久性、施工性などで日本企業の得意とするキメの細かい設計や製品としての信頼性、アフターサービスなどを活かして再び市場の先端を狙えるかもしれない。

そのうえで、これまでエネルギーの消費と需給バランスの問題児であった大都会を「エネルギーの森」に変える都市再生のプロジェクトを進める。発電を行うだけでなく蓄電機能を備えてエネルギーの自立を図る、余剰の電力を使って植物工場を運営するなどしてエネルギーネットゼロシティの運営者となる。海外では、建設会社はビルを建てるだけ、不動産会社はビルを建てて売るだけといったスタイルが主流だ。日本のように、行政や住民と協調して都市を設計し、企業や商店を誘致し、都市の運営まで関わることができるゼネコン、不動産会社がいる国はほとんどない。日本が手本を示せば追随する新興国、途上国は多いはずだ。ペロブスカイト型の太陽光発電を使った都市再生は、エネルギーの需給バランスの改善、脱炭素、日本の産業の競争力の回復などの面から国を挙げて取り組む価値のあるプロジェクトだ。

地方創生型地熱発電事業

日本は、米国、インドネシアに次ぐ世界3位、発電容量にして2000万キロワット強の地熱発電のポテンシャルを持っているとされる。実際、日本は地熱利用の先進国である。全国には3000程度の温泉地があるとされ、国民が日常的に温泉に親しみ、温泉を核とした観光が地域の重要な経済資源となっているからだ。しかしながら、地熱発電の容量は数十万キロワットにとどまっている。世界的な資源を持ちながら地熱発電が普及しない理由は、山谷に囲まれた地形の中で複雑に分散している地熱を効率的に活用するモデルと、歴史ある温泉地との共存の仕組みがなかったからだ。長い間、地熱の恵みで温泉を営んできた地域にとって、地熱発電によって熱源が枯渇するのではないか不安を抱いてしまう状況を変えないといけない。

こうした課題を克服し、日本の地域の事情に即した地熱発電を立ち上げたのが熊本県小国町わいた地区だ。わいた地区では、地熱を使って新たな事業を生み出し、地域の活性化を図ることを目指して、2011年1月に地域住民の出資により「合同会社わいた会」が設立され、地熱発電事業の検討が始まった。「わいた会」は、多額の資金を要する地熱発電設備の投資リスクを負わないようにするため、自らが発電事業者となったうえで、発電事業の実務をマンション一括受電などのエネルギー事業を手掛ける中央電力に委託した。その後は、中央電力が設立した地熱発電の事業会社「ふるさと熱電」が事業を引き継ぎ、2014年から試運転を開始し

(図4－7) 3つのサスティナブルを実現する“わいたモデル”

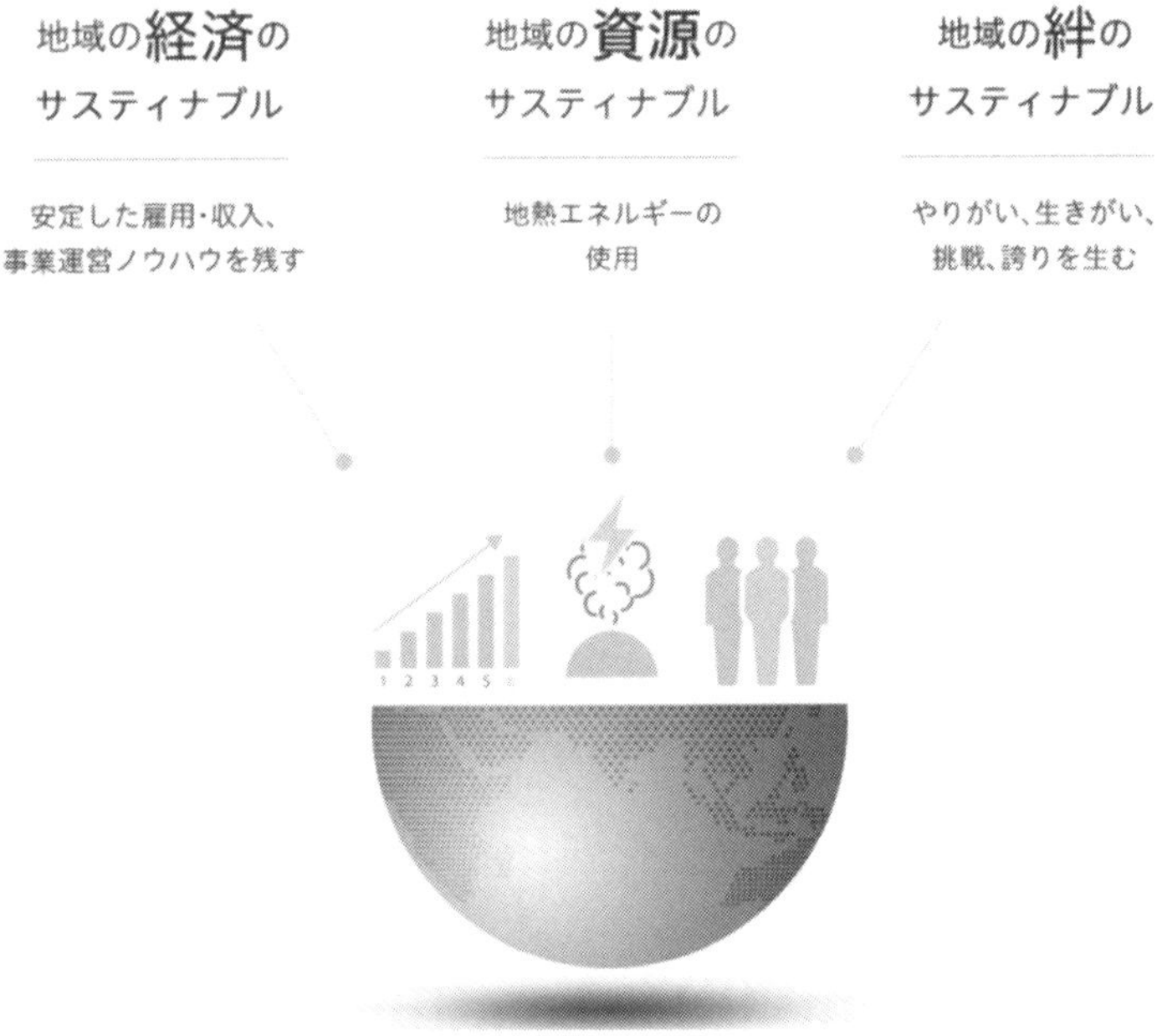

出所：ふるさと熱電ホームページ

た。

わいた地区では、かつて2万キロワット規模の地熱発電の計画があったが、地域との合意を得ることができず実現せずに終わった。「わいた会」と「ふるさと熱電」が手掛けた地熱発電は当時の10分の1の規模の2000キロワットだ。古くから熱源とともに生活する地域の人たちが、熱源の枯渇のリスクを感じにくい規模で発電事業をスタートしたのだ。熱源の枯渇については、発電規模を抑えたこと以外にも、蒸気を取得する井戸の掘削場所を温泉に影響が

(図４－８)地熱発電所「わいた発電所」

写真提供：ふるさと熱電

ないように選定する、温泉のモニタリングを行う、民間事業者が地域と協働で発電事業を行うなどの対策を講じている。

わいた地区の地熱発電事業には、ＦＩＴにより40円／キロワット時の買取単価が設定されている。「わいた会」は、同単価に基づく発電収入を得たうえで、８割を「ふるさと熱電」に地熱発電事業の実務の委託料として支払い、残る２割を地域振興のために使うことができる。地域にとって毎年１億円程度の資金を継続して利用できるメリットは大きい。資金は、「わいた会」の運営費のほか、温泉から出る温水を使った付加価値の高い農産物の生産などにも使われている。地域が主体となった地熱発電は副次的な成果も出ている。まず、しばらくの間停止していた「岳の湯盆踊り」が復活した。「地熱コーヒー」など地熱を使った特産物を生産する事業者も立地した。地域共生型の地熱発電事業を立ち上げるために地域がまとまったことによる成果といえる。

わいた地区では、現在5000キロワット規模の第二発電所の建設が計画されている。これを契機に地域づくりの活動は一層充実されていくことになる。わいた地区での取り組みの経緯が示すのは、「地域とエネルギー事業者が熱源への影響や事業の効果を確認しながら、地域の事業とエネルギー事業を並行して成長させていく」という地域共生型再生可能エネルギー事業の成長モデルだ。工学的な見地から大規模な発電事業を計画し、地域に当てはめるという従来型のエネルギー事業主体とのアプローチとは、対極を成すモデルといえる。

なお、『GXフィフティーン　脱炭素起業家たちの挑戦』（環境エネルギー投資調査研究班編、2023年1月、エネルギーフォーラム刊）に「眠る宝『地熱』を生かし『地域』を元気に」と題して、現在「ふるさと熱電」の社長で、過去に株式会社日本総合研究所創発戦略センターにも所属していた赤石和幸氏が紹介されている。

ソーラーシェアリングでは、農地の面積に対して太陽光パネルの面積を制限することが農業と再生可能エネルギーの共存を可能とした。ソーラーシェアリングが普及すれば、農地面積当たりの太陽光パネルの規模が小さくても、日本全体として見れば、メガソーラーと農業で土地を奪い合うよりはるかに大きな発電を行える。地熱発電にしても、わいた地区のような地域共生型の再生可能エネルギー事業が普及すれば、個々の設備の発電規模が小さくても、日本全体としては、大規模発電の建設のために地域との合意形成や土地の確保に苦労するより大きな発電容量が得られる。

日本の再生可能エネルギーの普及に必要なのは、ここで紹介したような「急がば回れ」ともいえる社会学的なアプローチによる普及策ではないか。

中小企業の技術を活かすバイオマス発電

ソーラーシェアリングは、1カ所の発電量は大きくはないが、対象となる場所が多く、農業と一体となったシステムとしてパッケージ化できれば、技術を提供する発電事業者も収益を上げることができる。農業者の側でも前述したように、新たな付加価値を生み出すことができる。地熱発電は、対象となる熱源地域の数は農地より少ないが、1カ所で生み出される電力が分散型電源としては大きいので、熱源を持つ地域は目に見える経済的な効果を得ることができる。これらに対してさらなる工夫が必要なのがバイオマスと小水力発電だ。

2000年代、バイオエネルギーは、ドイツで最も普及した再生可能エネルギーのひとつだった。それを支えたのが畜産農家ごとに設置されたバイオマス発電だ。畜産廃棄物のメタン発酵で発生したバイオガスで発電を行い、排熱も有効利用するシステムである。畜産農家としては発電収入が得られるうえ、畜産廃棄物の処理コストを削減できる可能性もある。

　個別の農家用なので100キロワット単位の中小型発電機を使う。有機物をメタン発酵させて得られるバイオガスは概ね3分の2がメタンガス、3分の1が二酸化炭素、若干の硫化水素という組成なので、硫化水素を取り除き、二酸化炭素で低下する熱量を補うか、低い熱量でも稼働するように発電機を調整する必要がある。そのために既存のエンジンを改造するケースが多い。ドイツで分散型のシステムが普及したのは、こうした仕様の中小型発電機を供給する中堅メーカーが存在したからだ。筆者が往訪した中堅メーカーでは、博士号を持つエンジニアが船舶用エンジンを改造したバイオガスシステムを生産していた。船舶用エンジンに熱量調整装置を取り付けたうえで、硫化水素除去装置を加えた一貫システムをショートコンテナに収めて販売していた。大量生産されたエンジンをベースに使っているのでコストも比較的安い。

　日本では、修士や博士号を持った技術者の多くが大企業に所属している。そこで作られた設計や仕様に合わせて中小企業が設備や部品を生産するのが、大企業を頂点とする産業ピラミッドだ。日本の地域には、優れた生産技術と高いコスト競争力を有する中小企業がたくさんいるのだが、長らく産業ピラミッドの中で生産を行ってきたため、市場のニーズを捉えて製品を企画し、性能を保証し、メンテナンスにも応じるというビジネスを展開できる企業が少ない。また、ドイツのケースのように大量生産されたエンジンを使用する場合、中小企業が最終製品の性能を保証しても、所定外（バイオバスなど）の利用に供するという理由でエンジンを供給してくれないこともある。かといって、大企業を通して小型のエンジンを供給したのではコストが合わない。

こうした状況から脱するには、市場ニーズに即した製品を商品化するための技術者やコンサルタントなども巻き込み、製品の性能を保証するなどの枠組みを政策的に支援することが考えられる。そこから独自の製品を企画、生産する中小企業を輩出し、大企業などの信頼も獲得できるようになれば、低コストの分散型エネルギーシステムを実現できる。

水マネジメントシステムで共生する水力発電

小水力発電でも地域が関わる事業が立ち上げられている。しかしながら、1カ所で発電できる規模は小さい。ある程度の規模がある小水力発電は、既存の堰堤や砂防ダムなどを利用するケースが多いので、ソーラーシェアリングのように設置数を稼ぐことができない。

こうした状況にある小水力を地域共生につなげるために考えられるのは、中山間地の水のマネジメントだ。中山間地の農業地域には多くの水関連施設がある。そこで、用水路の管理を自動化することができれば、人的な負担が減るだけではなく、大雨の際の転落事故を防止することにもつながる。田んぼには用水路から導水する設備が付いているので、これを自動化すれば農作業の効率化につながる。

最近では、豪雨対策として田んぼの貯水力に期待する声もある。いわゆる「田んぼダム」だ。豪雨に先立って田んぼの水位を下げるなどして貯水力を上げておけば、万が一、河川が決壊した場合の地域の被害を小さくできる。

こうした農業の効率化や地域の防災のためのシステムと一体的に小水力発電を整備すれば、発電設備の管理コスト低減することができる。また、停電時に地域に電力を供給することもできる。そこで、昼夜安定した電力を発電できる小水力発電の強みを活かすことができる。

農業の効率化、防災、停電時の電力供給などからなる包括的な水マネジメントシステムを整備すれば、人手不足がますます深刻になり、気候変動で災害リスクが高まっている農業地域にとって大きなメリットがある。将来の人口減少と気候変動を見据えた農業地域の基盤づくりといえる。民間事業者にとっても、個々の設備を納めるより事業としての魅力が高まる。そのために必要なのは、包括的なシステムを発注するための事業の仕組みだ。地域側で包括的なシステムの所有者・発注者を決め、農業や防災など複数の分野に関わる予算をまとめ、民間の技術やノウハウを活かしてシステムを設計し、システムの構築から維持管理までを民間に委ねることができる事業の仕組みをつくっていくのである。小水力発電で地域共生型の事業をつくっていくのに欠かせないのは、エネルギーシステムを使う側と提供する側が立ち上げ段階から協働していく事業の枠組みだ。

カーボンニュートラルの時代の国産化

第2章で述べたように、世界中の国や地域が目指す2050年の電源構成には、脱炭素とともにエネルギーの国産化という政策的な意図がある。明治維新以来、エネルギーの国産化は日本の夢であり続けた。また、ロシアのウクライナ侵攻によるエネルギー価格の高騰と、それによる国内経済の混乱を経験し、多くの国が国産化を目指すのはよくわかる。第2章で示したように、電源の90%以上を国産と準国産の原子力発電で賄い、運輸・産業用の水素までつくり出せば、エネルギーの国産化はかなり進むように見える。

一方、エネルギー生み出す手段に目を向けると、太陽光パネル生産の8割を中国が占め、風力発電でも中国をはじめとする特定の国に風車の生産を依存している実態がある。つまり、太陽光や風力というエネルギー源は国産化できても、それをエネルギーに換える手段の国産化は進まない。天然ガス火力発電では、コストの7~8割が天然ガスの調達コストだから、エネルギーの国産化とエネルギー資源の国産化が、あまり線引きされずに議論されてきた。太陽光発電や風力発電のコストは100%設備に関係するものなので、エネルギー資源だけに注目した国産化の議論に囚われていると、カーボンニュートラル時代のエネルギー政策の目標を見誤る。

カーボンニュートラルの時代、再生可能エネルギーが主流になるので、エネルギー源の国産化が進むのは当たり前だ。カーボンニュートラルの時代に重要なのは、どんなことが起こっても発電設備が止まることのないようにする施策を考えることである。米国は、太陽光パネルの世界市場が中国に席巻されるなか、ファーストソーラーが国内シェアを維持してきた。同じように日本も太陽光パネルの国内メーカーを育てればよいのだろうか。ペロブスカイト型の太陽光発電のような次世代技術や、建材と一体化した製品を供給できる企業を育てるのはひとつの方策だろう。補助政策や公的施設での調達などにより国内企業を応援することはできる。

一方で、グローバル競争で駆逐されたシリコン系太陽光パネルや大型風車のメーカーを復活させようとする政策の効果は期待できない。ゾンビ政策に陥る可能性もある。それよりも、一部で育ってきたグローバル市場でも戦える発電事業者の太陽光パネルや風車の調達の多様化を応援するほうが政策として筋が良い。これだけグローバル化が進んだ状況で、燃料も技術も国産化することは不可能といってもよい。重要なことは、国民が安心してエネルギーを使える環境を確保するエネルギーセキュリティであり、国産化は、そのためのひとつの手段に過ぎないということだ。カーボンニュートラルの時代には、日本にあった技術の国産化とリスク耐力の高い調達ネットワークをうまく組み合わせていくことが重要だ。

日本の存在感回復の活路となる地域共生型再生可能エネルギー事業

筆者は、東京電力・福島第一原子力発電所の事故に際して、東京電力管内で長く生活してきたものとして、ある種の罪の意識を感じた。東京電力管内の電力需要を賄うために、東北電力管内にありながら発電用地を提供した福島県の人たちが未曾有の負担を負うことになったからだ。問題の大きな原因は、原子力発電を真正面から捉えることをしなかった監督官庁、電力会社、有識者を含む関係者にあるが、本書でも述べた工学的効率性に傾倒し、大規模化を求め続けたエネルギーの世界の文化や思考方法も原因と考える。大規模化は、工学的な効果を有する一方で、需要者と発電場所を遠ざけ、環境や社会に与える影響に対する需要者の認識や責任感を麻痺させる側面があるからだ。それが、日本の原子力発電は「絶対安全」と言いながら、東京湾に決して原子力発電所を造らなかった矛盾と不誠実を生んだ。

大規模風力発電、メガソーラー、大型バイオマス発電などは、水力発電、火力発電、原子力発電の時代に造られた大規模化信仰のもとで成長してきた。2050年に向けても同じ方向が追求されていくだろう。大規模化を是とする工学的な考え方は間違っていない。大規模発電所を建設しても問題がない場所では、経済性を追求した大型発電所を建設していけばよい。ただ、再生可能エネルギー事業がESGの理念の一環として実施されるのであれば、せめて大規模発電の現地で何が起こっているのかを需要家に伝える情報ネットワークをつくってほしい。それが、金科玉条のごとく大規模化を追求した水力発電、火力発電、原子力発電の時代からの進化である。

一方、これから再生可能エネルギーの大幅な普及が必要な新興国や途上国では、大規模化の追求が問題を起こしにくかった大陸で開発された技術や事業手法を一元的に導入すると、社会的な問題を引き起こす地域が多い。そのとき、本書で述べた地域共生型の再生可能エネルギー事業の重要性が増す。日本は、大規模化追求型の再生可能エネルギーでは技術的にも事業的にも一敗地に塗れた。もはや、この分野で日本が世界のトップ集団に入る可能性は残されていない。しかし、地域共生型の再生可能エネルギー事業であれば、日本には、それを実現するための場が無数といってもよいほど広がっている。ここでモデルとなるような技術、事業モデルを開発し、磨きをかければ、日本は、大規模化追求派の対極で再生可能エネルギー事業をけん引することができる。新興国や途上国には、地域共生型の再生可能エネルギー事業の立ち上げを待っている地域がこれもまた無数といってよいほど存在している。

世界では、行き過ぎたグローバリズムの反省、国内では新しい資本主義が提唱され、規模や効率性を一元的に追求してきた資本主義が修正を求められている。地域共生型の再生可能エネルギー事業は、経済規模では到底及ばない米中両大国の影響力が増す世界で、日本が存在感を示すための切り口になるかもしれない。

〈著者紹介〉

井熊 均　いくま・ひとし

株式会社日本総合研究所　フェロー

1958年、東京都生まれ。1983年、早稲田大学大学院理工学研究科修了。同年、三菱重工業入社。1990年、株式会社日本総合研究所入社。2006年、同社執行役員。2014年、同社常務執行役員。2017年、同社専務執行役員。2021年7月より現職。この間、ベンチャー企業の取締役、国や公共団体の委員などを歴任。2022年10月現在、北陸先端科学技術大学院大学経営協議会委員、同大学長選考委員会委員、一般財団法人北陸産業活性化センターエグゼクティブフェロー・RDX推進室長、アイフォー代表取締役、ふるさと熱電代表取締役会長CEO、DONKEY取締役、NECエグゼクティブコンサルタント。企業や地域の新事業創出、公的事業の立ち上げなどを数多く手がけるとともに、70冊を超える書籍を刊行し、新しい政策やビジネスモデルを提案し続けている。

木通 秀樹　きどおし・ひでき

株式会社日本総合研究所創発戦略センター　Social DX統括ディレクター
東京大学先端科学技術研究センター　シニアプログラムアドバイザー

1997年、慶応義塾大学大学院理工学研究科後期博士課程修了(工学博士)。1988年、石川島播磨重工業(現：IHI)入社。ニューラルネットワークなどの知能化技術の研究開発を行い、環境・エネルギー・バイオなどのプラント・機械・ロボットなどの知能化制御システムを開発。2000年に株式会社日本総合研究所に入社、現在に至る。2022年10月現在、GReeEN取締役。再生可能エネルギー、水素などの技術政策立案および社会課題の解決に向けたSocial DXを実現する新事業開発を実施。著書に『エナジー・トリプル・トランスフォーメーション』(共著、エネルギーフォーラム)、『なぜ、トヨタは700万円で「ミライ」を売ることができたか？』(共著、日刊工業新聞社)、『ゼロカーボノミクス 脱炭素で変わる世界経済』(共著、日経BP)など。

岐路にある再生可能エネルギー

2023年3月7日第一刷発行

著者　株式会社日本総合研究所／井熊 均、木通秀樹
発行者　志賀正利
発行所　株式会社エネルギーフォーラム
〒104-0061 東京都中央区銀座5-13-3 電話 03-5565-3500
印刷・製本　中央精版印刷株式会社
ブックデザイン　エネルギーフォーラム デザイン室

定価はカバーに表示してあります。落丁・乱丁の場合は送料小社負担でお取り替えいたします。

ISBN978-4-88555-532-9